AI 도구를 활용한 쇼츠 만들기 ▶

유튜브 쇼츠
60초 재테크

BM (주)도서출판 성안당

쇼츠의 시대

　스마트폰 세로 화면을 채우고 광고처럼 짧고 빠르게 지나가는 영상, 쇼츠는 틱톡과 릴스 등 다양한 플랫폼에서 폭발적인 인기로 엔터산업 및 관련업계에서 홍보용으로 많이 사용되었다. 댄스나 밈 등으로 청소년들에게 인기를 끌던 이 영상들은 유튜브 쇼츠로 오면서 다양한 콘텐츠의 장이 되었다. 장르에 국한 없이 연령에 제한 없이 크리에이터가 원하는 방향으로 만들거나 최신 트렌드에 맞는 뉴스나 이슈 등을 60초 안에 편집한 영상으로 자신의 일상이나 주변에 일어나는 갖가지 재미있는 영상, 아주 평범한 순간을 있는 그대로 촬영해 편집 없이 올린 영상 등 바쁜 현대인에게는 짧고 임팩트 있는 영상뿐만 아니라 아주 평범한 영상조차 긴 시간을 봐야 하는 유튜브 롱폼 영상보다 인기를 끌게 되었다.

　이러한 숏폼이 인기를 끌면서 조회수 증가는 채널 유입으로 이어졌고 구독자 수 또한 늘어나게 되었다. 그리고 지난 2023년 2월 1일, 그때까지 수익이 없었던 유튜브가 60초 안팎의 짧은 영상 '쇼츠'에도 광고 수익을 배분하게 되자 롱폼과 함께 쇼츠를 함께 만들던 크리에이터들은 쇼츠의 비중을 빠르게 늘리기 시작했다.

　유튜브 롱폼 영상은 크리에이터의 진입 장벽이 높아 사람들이 주저하거나 몇 번 해 보다가 포기하는 경우도 많았다. 대부분은 남들 다 하는 내용으로 따라 하다 지치거나 특별한 주제 없이 시작하다 보니 재미가 없어지고 구독자도 늘지 않아 포기하는 경우가 많았다. 초기에 유튜브 크리에이터들이 지금까지 100만이 되고 300만을 넘어갈 수 있었던 건 자신이 가진 재능과 콘텐츠를 만들어 꾸준히 영상을 찍고 업로드했기 때문이다. 유튜브 크리에이터도 치킨집 생겨나듯 너도나도 시작하게 되는 경우가 많았다. 그중에서 특별한 맛과 꾸준한 영업으로 지금은 기업이 된 가게도 있고, 아니면 소리 없이 사라지거나 동네 가게에 머무르는 곳도 있듯, 유튜브에서도 골드 버튼을 받고 끝없이 키워나가는 크리에이터들이 있고 잠시 시작했다가 사라진 크리에이터와 콘텐츠도 많다.

그러나 진입 장벽이 높은 유튜브의 롱폼 영상과는 달리 쇼츠는 조금 다른 시각으로 볼 수 있다. 콘텐츠와 주제에 따라 달라지겠지만, 확실한 것은 60초 미만의 영상만 올리면 된다는 것이다. 특별한 편집 없이 스마트폰으로 촬영한 영상도 문제없다. 그래서 누구나 해보라고 권유하는 것이기도 하다.

AI의 시작

지난 2023년부터 엄청난 화제가 된 AI는 우리가 앞으로 살아갈 시대에 많은 변화를 주고 있다. 아직 눈에 띄게 AI의 활약상이 두드러지지는 않지만, 스마트폰에도 AI가 들어가 출시되고 있고 전기차 시대에 자율주행과 관련해 AI는 필수가 되고 있다. 어렵게 보이던 코딩이며 언어 등은 이제 AI로 해결할 수 있게 되었다. 거기에 더해 일반 프로그램들 속으로 침투한 AI는 사용자들이 대화형으로 쉽게 일을 해결할 수 있게 되었고, 특히 영상 편집에 기반한 프로그램에 접목한 AI 기술은 영상을 더 쉽게 만들 수 있게 해주고 있다.

엔비디아의 주가가 엄청 오른 것도 AI 기술 개발에 앞섰기 때문이다. 엔비디아는 AI 기술 개발 초기, 직접 CPU를 개발해 AI 연산에 특화된 환경을 만들려다가 실패하였으나 그래픽카드의 GPU를 CPU처럼 활용하는 GPGPU 플랫폼으로 개발 방향을 바꿔 쿠다(CUDA)를 만들었다. 시장 선점과 범용성을 바탕으로 점유율 확대에 성공하면서 AI시장에서 필수적인 플랫폼이자 API 모델로 자리 잡은 것이다.

그래서 쇼츠와 AI가 무슨 연관이 있겠냐 싶겠지만 쇼츠는 단순하게 내가 촬영해 올린 영상만이 아니라 만들고 싶은 이미지와 영상을 만들 수도 있기 때문이다. 표현하고 싶은 내용이 있을 때 기존에는 직접 그리고 촬영해야 했던 일들을 AI가 대신 덜어 준다. 물론 자신이 원하는 느낌에 100% 닿기는 쉽지 않겠지만 어디까지나 AI에게 어떤 명령과 표현을 주느냐는 단연 본인의 몫이다. 직접 촬영해야 하는 부분과 만들어도 되는 부분의 경계를 명확히 해서 작업 시간을 단축할 수 있으며, 일일이 찾아야 하는 자료를 쉽게 찾아주고 정리해 준다. 이처럼 AI는 조금씩, 아니 빠르게 우리 생활에 들어오고 있다. 콘텐츠와 주제를 고민해서 AI에게 내용을 만들게 하고 부족한 부분은 촬영해서 영상을 빠르게 만들어 올릴 수도 있다.

쇼츠의 수익은?

그렇다면, 과연 쇼츠의 수익은 얼마나 될까? 물론 직접 해보지 않고서는 얼마를 벌 수 있을지 가늠할 수 없다. 다만 수익을 창출하기 위해서는 유튜브 플랫폼에서 필요로 하는 영상의 조회 시간과 꾸준한 업로드가 필요하다. 물론 조회수도 충분한 뒷받침이 되어 주어야 한다. 이를 충족해도 처음 들어오는 금액을 보고 실망할 수 있다. 대략적으로 보았을 때 조회수 1회당 1원이라고 할 때 100만 조회수가 되면 10만 원 정도의 수익으로 계산한다. 그렇다면 100만 원이라는 금액이 들어오려면 우리는 10개의 영상이 100만 뷰 이상 나와야 한다고 볼 수 있다. 100만은 결코 쉬워 보이는 수가 아니다.

조회수만 가지고 큰 수익을 얻을 수는 없다는 점에서 대부분 실망할 수도 있다. 하지만 쇼츠를 해보면서 생긴 노하우와 영상 편집 기술 등을 응용해서 자신만의 롱폼 영상을 만들 수도 있고, 채널이 커지면 그에 따른 업체 광고, 스폰서 등이 붙을 수 있다. 단순하게 쇼츠의 조회수만 가지고 몇 억을 번다는 건 말이 쉽지 실상은 그렇지 않다는 걸 알 수 있다. 다만 쇼츠는 물량 공세도 가능하고 집중적으로 잘 짜여진 영상으로 노려보는 것도 가능하며, 트렌드나 유튜브 알고리즘과 맞아떨어져 조회수가 폭발적으로 늘어날 수도 있다. 다양한 컨셉을 통해 다양한 채널을 만들 수도 있으며 수익 창출 방법 또한 다양하다.

이 책은 총 3부로 구성되어 있다. 1부는 쇼츠를 하기 전에 기본적으로 알아야 할 것들을 소개했고 2부는 영상을 만들기 전에 기획과 시나리오 등을 만들기 위한 방법을 광고 마케팅 분야에서 검증된 기법을 접목하여 정리했다. 3부에서는 AI를 활용한 대본 만들기, 영상 툴을 사용하여 쇼츠 영상을 제작하는 법을 소개했다. 전체적인 내용은 유튜브를 처음 접하는 사람에게도 쉽게 설명하였고 간단한 가입 방법 같은 경우는 제외했다.

본문에서 설명한 내용과 툴 사용법 등을 토대로 자신이 생각하는 콘텐츠를 전략적으로 구상하고, 꾸준하게 만들어 업로드해 보며 조금씩 늘어나는 조회수와 더불어 수익이 창출될 수 있도록 해 보자.

▶▶▶ ▶ **목차**

들어가기 전에   002

PART 01 X 쇼츠 시작하기

01 쇼츠는 지금 시작해야 하는 콘텐츠다   010

02 쇼츠에 필요한 장비와 프로그램   016

03 유튜브 수익 창출은 언제부터 가능할까?   029

04 유튜브 채널 만들기   036

05 유튜브 커뮤니티 가이드 위반 경고(수익 창출 정지)   041

06 저작권 확인하기   046

07 쇼츠와 커머스 연계하기   072

PART 02 X 쇼츠 기획하기

01 유튜브 쇼츠, 숏폼 동영상의 시작   076

02 쇼츠와 광고   080

03 유튜브 쇼츠 조회수와 구독자를 늘리기 위한 전략 모델   084

04 광고 테크닉을 활용하는 다양한 쇼츠 팁   092

05 쇼츠를 위한 콘텐츠 기획하기   100

06 카테고리 선택하기   105

07 이슈를 찾아라   109

08 재생산된 영상은 빠르게 선점할 수 있다   119

09 쇼츠 영상을 위한 팁   127

10 쇼츠 영상을 위한 스토리텔링   130

11 일반 상식도 좋은 재료다   135

12 밈은 시기물이다   138

13 유튜브 쇼츠를 위한 다양한 소스 찾기   142

14 자신만의 쇼츠 영상 만들기   152

15 누군가에겐 의미 없는 영상   155

16 다양한 소셜미디어와 사이트에서 영상을 다운로드하는 방법   157

PART 03 ㅣ AI와 쇼츠 영상 만들기

01 쇼츠 사이즈   164

02 스마트폰에서 쇼츠 영상 올리기   166

03 AI를 이용한 문서와 이미지 만들기   170

04 필모라(Filmora) 녹음과 자막   180

05 쇼츠 업로드, 썸네일, 음악 넣기   187

06 컴퓨터 화면 녹화하여 영상 만들기   195

07 브루(Vrew)   203

08 순위 영상 만들기   212

09 캡컷(CapCut)   227

PART **01**

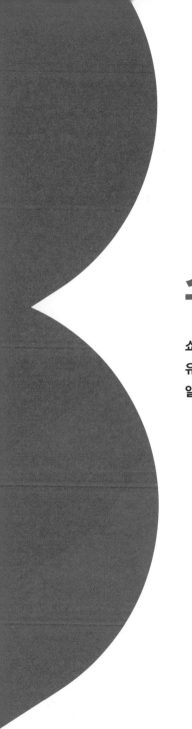

쇼츠 시작하기

쇼츠를 왜 시작해야 하는지와 그에 따른 필요한 장비와 영상 툴 등을 살펴보고, 유튜브 수익 창출과 채널 만드는 방법, 커뮤니티 가이드 위반 경고, 저작권에 대해 알아본다.

01 쇼츠는 지금 시작해야 하는 콘텐츠다

유튜브를 보는 사람이라면 누구나 쇼츠를 접한다. 안 본 사람은 있어도 한 번만 본 사람은 없는 것이 쇼츠이지 않을까. 롱폼의 영상보다 짧은 쇼츠의 전달력은 빠르다. 그래서 기업이나 일반 유튜버들도 롱폼의 유도를 위해 광고 형식의 쇼츠도 상당수다. 이런 짧은 영상의 쇼츠를 누구나 쉽게 올리고 수익을 창출할 수 있다는 것은 상당히 매력 있는 일이다.

어떤 저명한 교수가 만들어야 하는 것도 아니고 특별한 기술자가 영상을 찍어서 올려야 하는 것도 아니다. 어떤 전문적인 경계가 없기에 누구나 쇼츠 영상을 만들어 올릴 수 있다.

쇼츠를 만드는 방법도 AI가 나오고, 함께 사용할 수 있는 영상 편집 프로그램이 나오면서 더욱 쉽게 만들어 올릴 수 있게 되었다. 유튜버를 해본 사람들만 할 수 있었던 과거에 비해 지금은 숏폼 콘텐츠만 가지고도 수익을 창출할 수 있게 되었다. 일상에서 촬영한 재미있는 이야기, 등산, 풍경 사진, 먹거리, 동물, 퀴즈, 비평 등 다양한 주제를 가지고 쇼츠를 만들 수 있다. 좋은 장비가 없어도 스마트폰으로 가장 최적화된 쇼츠 영상을 촬영하고 만들 수 있다.

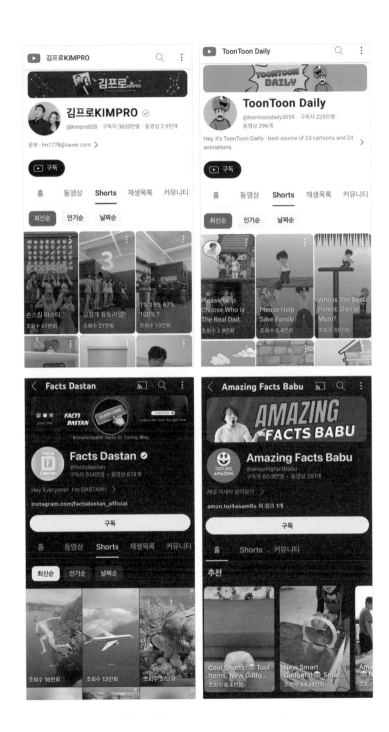

1 쇼츠는 왜 지금 시작해야 할까?

유튜브에서 지난 2020년 9월부터 숏폼 서비스를 시작하였다. 쇼츠는 틱톡 플랫폼과 경쟁하기 위해 만들어진 소셜 네트워크 서비스다. 유튜브 숏폼은 벌써 4년이 되었지만 꾸준히 변화하고 있다. 처음 숏폼이 만들어지고 쇼츠 크리에이터에겐 수익 창출이 없었다. 하지만 지난 2023년 2월부터 수익 창출이 시작되었다. 고작 1년 만에 숏폼에 생산된 콘텐츠의 양은 상상을 초월한 만큼 많다. 쇼츠를 보다 보면 대량으로 만들어진 것들과 재생산된 영상이 7~80% 이상은 차지하고 있다는 것을 알 수 있다. 해외 틱톡커의 영상이나 인스타그램 영상 등을 가져와 만든 영상, 영화, 드라마, 각종 쇼 프로 등에서 가져온 영상 등이 상당히 많다. 유튜브 측에서는 아직까지 큰 제재가 없지만, 영상의 저작자가 신고하거나 향후 변화되고 있는 유튜브 정책이 수정됨에 따라 이런 영상들은 수익 창출이 안 될 수도 있고, 또한 만들어진 채널이 사라질 수도 있다.

쇼츠는 대부분 영상이 새로 만들어진 것보다는 어디서 보거나 또 보고 있는 영상이 많다. 그리고 실제 제작된 영상보다 재생산된 영상이 반을 넘게 차지한다. 그래서 새로운 쇼츠의 창조와 발견은 무궁무진하다는 것을 엿볼 수 있다. 늦게 시작해도 콘텐츠만 좋으면 금방 따라잡을 수 있다는 이야기다.

2 쇼츠 콘텐츠는 무궁무진하다

수익이 창출되면서부터 재생산된 대량의 콘텐츠가 상당히 많다. 그래서 쇼츠 콘텐츠는 재생산된 콘텐츠를 제외하면 아직도 무한하다. 만드는 사람의 재능과 역량만 있으면 길게 촬영하는 롱폼의 영상보다 더 많이 올릴 수 있고, 그 수에 따라 수익을 가져갈 수가 있다.

아이템이 없을 때에도 유튜브 롱폼 영상이나 다양한 영상을 보고 아이디어를 추가하거나 새롭게 구성하여 영상을 만들 수 있는 것도 장점이다.

▲ 유튜브 슈퍼챗 순위를 보여주는 PLAYBOARD(https://buly.kr/BlSjBkg)에서 전 세계, 국내, 일간, 주간, 월간 등으로 분석할 수 있다.

3 AI 시대가 왔다

영상을 직접 촬영해서 올리기 힘들 때 AI를 이용하여 간단한 쇼츠를 만들 수 있다. 유튜브 영상 편집 프로그램은 영상만이 아니라 주제만 입력하면 간단한 영상은 쉽게 만들 수 있는 AI를 도입해 영상을 만든다. 그래서 초보자도 쉽게 영상을 만들 수 있다. 물론 AI가 주는 한계가 있기에 주제를 입력해 영상을 만들고 내용을 수정하거나 이미지, 영상 등을 교체하여 만들 수도 있다.

이런 작업을 한두 차례만 해보면 쇼츠 영상 생성 과정을 쉽게 이해할 수가 있어서 원하는 영상을 이제 누구나 쉽게 만들 수 있게 되었다. 물론 쉽게 만들고 업로드할 수 있지만 이에 대한 규제도 생기기 시작했다. 유튜브 측에선 AI 영상에 대한 규제를 2024년부터 AI 사용 공개 의무화할 계획이며, 그 사실을 공개하지 않을 때 영상이 삭제될 수 있다고 했다. 또한 반복적으로 표기하지 않을 경우, 수익 창출이 되지 않는다고 한다. AI 영상에는 경고 또는 광고가 붙는다. 광고 쇼츠 영상에 광고라는 띠가 붙는 것처럼 말이다. 실존 인물을 만들어 헷갈리게 하는 영상, 아티스트가 현존하는 AI 생성 음악 등이 그것이다. 그 외 AI 프로그램 등으로 만든 영상들에 따로 제재를 두는 것 같지는 않다. 이에 크리에이터들은 AI 포함한 제목과 해시태그 등으로 AI 사용 유무를 기재하고 있다. AI를 이용한 영상 편집 작업은 3부에서 알아보자.

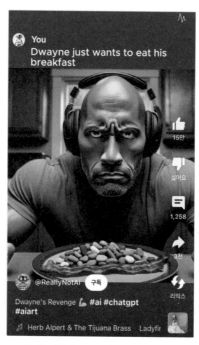

▲ AI로 만든 영상의 쇼츠 화면(#해시태그에 AI문구 삽입)과 광고 띠가 붙은 쇼츠 화면

4 쇼츠는 개인과 기업을 가리지 않는다

쇼츠의 가장 큰 장점은 얼굴이 나오지 않아도 되고, 개인과 기업을 가리지 않는다는 것이다. 기업은 제품 광고를 개인을 이용해 효율성 있게 할 수 있고, 광고 비용도 방식에 따라서 더 적게 들 수 있다. 개인은 이런 점들을 이용해 쇼츠 뷰 수에 들어오는 수익 외에 다양한 방식으로 쇼츠를 생산하고 광고 비용 등을 받을 수 있다. 또한 커머스와 연계하여 운영하는 쇼핑몰 광고와 수익 창출을 한 번에 할 수 있다.

5 롱폼 영상보다 편리하게 만들 수 있다

비싼 카메라와 조명 등 고가의 장비를 필요로 하는 유튜브의 롱폼 영상은 일반인이 접근하기 힘들다. 하지만 쇼츠는 영상을 편집하는 것보다는 스마트폰에서 촬영한 재미있는 영상을 바로 올릴 수 있다는 점이다. 제목만 넣어주어도 되고, 자막을 간단히 넣을 수도 있다. 또한 제목, 자막 없이 영상만 올릴 수 있다. 영상의 내용이 재미있거나 이해가 쉽고, 공감이 간다면 댓글을 통해 구독자와 빠른 소통이 가능하다. 영상 촬영 자료가 없어도 생각하는 아이디어만 있다면 AI 프로그램을 통해 원하는 영상이나 이미지를 만들어 새롭게 창출할 수도 있다. 내용이나 자막 등을 만들 때도 이용할 수 있는 프로그램이 많다.

쇼츠에 필요한 장비와 프로그램

02

본격적으로 쇼츠를 하기 위해 필요한 장비와 각종 프로그램을 살펴보자. 사실상 쇼츠를 하기 위해서는 스마트폰과 집에서 사용하는 컴퓨터 정도의 장비만 있으면 된다. 쇼츠 영상에 따라 직접 녹음을 위해 마이크가 필요하거나 퀄리티 높은 영상을 올리기 위해 카메라 등이 필요할 수도 있으나 처음부터 무리하게 장비를 구입할 필요는 없다.

영상의 주제에 따라 장비의 사용 여부가 달라지겠지만, 일단 처음 쇼츠를 시작한다면 되도록 자료는 인터넷 안에서 얻을 수 있는 것들을 찾아보자.

1 영상 장비

가벼운 영상이나 자신의 이야기, 또는 길을 가다 우연히 촬영한 영상 등 생활 속 영상을 촬영해서 쇼츠로 올리고 싶다면 스마트폰이 가장 유용하다. 딱히 짐벌이나 촬영 장비 없이 올리고 가벼운 편집만으로 만들수 있다. 편집을 선호하는 쇼츠 콘텐츠라면 윈도우 10, 11의 운영체제가 설치되어 있는 시스템을 권장한다.

여행이나 익사이팅을 즐기고 쇼츠로 만들고 싶다면 스마트폰보다는 고프로나 짐벌 등이 유용하다. 드론이나 고프로, 짐벌 등을 사용할 때는 배터리 용량이나 메모리 카드의 용량 등을 확인해서 촬영할 때 확인해야 하고 관련된 액세서리 등이 의외로 많아서 구매 비용이 생각보다 부담될 수 있다. 초소형 캠코더 같은 장비들은 주로 여행 용도로 많이 사용된다.

▲ 짐벌

▲ 고프로

다양한 영상을 촬영할 때 여러 대의 카메라가 필요한 경우에는 서브로 촬영할 때는 캠코더가 장시간 사용할 수 있어 좋다. 물론 고프로나 액션캠 등의 동영상 장비가 있다면 그 장비로 사용하는 것도 방법이다. 삼각대나 고정식 장비를 사용할 때는 스마트폰보다 영상에 특화된 캠코더 등이 사용하기 좋다. 특히 실내나 리뷰 같은 영상을 촬영한다면 오래 촬영할 수 있는 캠코더를 이용하는 것이 더 편리하다. 최근에는 유튜브 영상 촬영을 전문으로 하는 초소형 카메라 등이 출시되고 있다.

▲ 소니 RX0

▲ 소니 액션캠

전문적인 분야로 음식이나 만드는 과정 등을 화질 좋은 화면으로 올리고 싶다면 스마트폰과 함께 전문가용 카메라가 필요할 수도 있다. 초반 콘텐츠 방향에 따라 구매할 수도 있지만 롱폼 영상 촬영이 아니라면 여기까진 안 보는 것이 좋다. 쇼츠로 뭔가 해보려다 통장만 거덜 날 수도 있다. DSLR 카메라의 경우에는 렌즈와 각종 액세서리를 다 따로 구매해야 하고 그만큼 들어가는 비용이 만만치 않다.

▲ 소니알파7

▲ 캐논카메라EOSR50

쇼츠에서 4K 이상의 영상은 필요 없지만 아름다운 장소를 보여주는 콘텐츠나 좀 더 좋은 영상으로 보여주고 싶은 크리에이터에겐 또 다른 문제로 다가올 수 있다. 화질이 뛰어난 장면을 보여주려면 대부분 DSLR 카메라로 촬영하는 것이 좋다. 4K를 지원하는 캠코더 등이 있다 해도 DSLR 카메라에서 주는 렌즈와 그 색감을 보여주는 게 쉽지 않다. 그래서 사진이나 영상 전문가들의 유튜브 롱폼 영상을 보면 화질이 다르다는 것을 느낄 수 있다. 이는 카메라 센서의 크기와 렌즈 조합이 보여주는 영상 화질의 차이가 얼마나 나는지 영상을 보면 알 수가 있다.

유튜브 촬영 시 영상을 담기 위한 기기 다음으로 중요한 것이 마이크다. 쇼츠에서 간단한 녹음은 스마트폰으로도 충분히 가능하지만, 콘텐츠에 따라 마이크가 필요할 수도 있다. 데스크톱에서 녹음할 경우는 일반 3.5mm 잭을 이용한 마이크보다 USB 방식이나 HDMI 케이블 등이 있으며, 움직임이 많거나 이동 시에는 무선 마이크를 사용할 수 있다.

▲ 데스크톱 마이크

▲ 지향성 마이크

▲ 무선 마이크

　실내 영상 촬영 시 조명이 있으면 좋다. 이는 쇼츠뿐 아니라 롱폼 영상을 촬영하는 크리에이터들이 사용한다. 쇼츠 촬영 시에는 크게 필요가 없어 보이지만 제품이나 리뷰 형식의 경우에는 자세히 보여주려면 촬영 장비의 유무에 따라 영상의 퀄리티가 달라질 수 있다. 조명은 세팅 시 전문가나 구매한 곳에 자세히 문의한 후 장소에 맞는 조명을 세팅하는 것이 좋다. 자신의 방에서 소규모 영상 촬영을 세팅하더라도 검색해서 찾아보는 것보다 카메라 장비나 조명 업체에 직접 전화해서 문의하는 것이 더 빠른 방법일 수도 있다. 조명까지 생각한다면 유튜브 롱폼을 찍어보겠다는 의도이니 자세한 사항은 전문가를 찾아보자.

▲ 대광량 스튜디오 LED 조명

2 영상 프로그램

쇼츠를 만들기 위한 비교적 편리한 프로그램에 대해서 소개하겠다. 쇼츠는 자신이 가지고 있는 스마트폰만 있어도 비교적 간단한 편집은 다 할 수 있다. PC용과 스마트폰용이 모두 있고 연동되는 프로그램도 있다. AI와 결합하여 내용과 영상을 만들어 주는 프로그램까지 다양하다. 무료로 사용할 수 있는 프로그램도 많지만 워터마크나 사용 횟수 제한 등이 있기 때문에 쇼츠 콘텐츠를 꾸준히 업로드한다면 가격 정책을 살펴보아야 한다.

■ 원더셰어 사의 필모라

원더셰어(Wondershare) 사의 필모라는 영상 편집을 처음 접하는 사람에게 안성맞춤이다. 약간의 시간만 투자한다면 누구나 좋은 영상을 만들 수 있으며 음성 효과, 타이틀, 트랜지션, 이펙트 등 많은 기능을 자체 제공하고 있으며 AI(Copilot)의 연동 등으로 인해 더욱 쉽게 영상을 만들 수 있게 되었다.

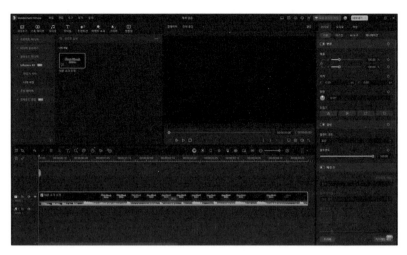

▲ 필모라(https://filmora.wondershare.kr) 실행 화면

지원 OS	맥, 윈도우, 안드로이드, iOS, iPadOS
난이도	낮음
한국어 지원	O
비용	무료 체험판

장점 프로그램이 가벼워 고사양의 컴퓨터가 없어도 된다. 프리셋 템플릿과 AI의 사용, 풍부한 필터와 전환 효과, 각종 소셜미디어 플랫폼 맞춤 크기, 직관적인 인터페이스로 사용하기가 편리하다.

단점 무료 버전의 경우 영상에 워터마크가 생성되어 제한이 있고 AI 크레딧의 제한과 에셋 등의 제한이 있다.

■ 브루(Vrew)

AI를 이용한 자동 자막 프로그램으로 다양한 소스를 무료로 사용 가능한 브루는 유튜브 숏컷 편집자들에게 매우 편리한 프로그램이다. 저사양 컴퓨터에서도 사용하는 데 큰 지장이 없으며 무료 성우의 목소리를 이용할 수 있는 것이 브루의 가장 큰 장점이다.

영상은 다른 프로그램에서 만들고 자막은 브루에서 사용하는 사용자들도 있다.

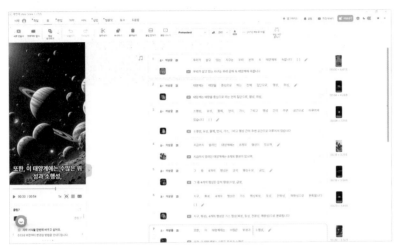

▲ 브루(https://vrew.voyagerx.com/ko) 실행 화면

지원 OS	맥, 윈도우, Android, iOS, iPadOS
난이도	낮음
한국어 지원	O
비용	무료 체험판

장점 PC에서 스마트폰에 있는 영상을 바로 가져와서 편집할 수 있고 AI 성우를 이용해 자막과 목소리를 다양하게 사용할 수 있다.

단점 무료 버전에서는 브루 마크가 영상에 표시되며 영상 편집컷의 기능이 어렵다는 단점이 있다.

■ 캡컷(Capcut)

틱톡, 쇼츠, 릴스 등의 영상에 주로 사용되는 캡컷은 영상 편집기에서 가장 많이 사용되고 있는 프로그램이다. 영상 편집이 키네마스터와 맞먹을 정도로 뛰어나다는 평가를 받고 있다.

▲ 캡컷(https://www.capcut.com) 실행 화면

지원 OS	맥, 윈도우, 안드로이드 5.0 이상, iOS 11 이상
난이도	낮음
한국어 지원	O
비용	부분 무료, 프로 버전

장점 스마트폰에서 쉽게 이용할 수 있으며 각종 브라우저에서 사용이 가능하다.

단점 무료였으나 최근 부분 무료로 변경되었다. 각종 버그와 개인정보 유출 논란이 있다. 이는 같은 회사에서 만든 틱톡도 클립보드를 계속 멋대로 수집하는 등 백도어 논란이 있어서인 듯하다.

■ **클립챔프(CLIP Champ)**

MS 사의 클립챔프는 웹과 모바일에서 간단하게 짧은 영상을 편집할 수 있는 편집기다. 윈도우 11부터 기본으로 탑재되어 있으나 10에서도 다운로드하여 사용이 가능하며 MS 계정에 로그인해야 한다. 웹브라우 저에서 편집 가능하다는 특징으로 인해 가벼우며 틱톡이나 유튜브 쇼 츠, SNS 등에 올릴 영상을 간단히 편집할 수가 있다.

▲ 클립챔프(https://clipchamp.com/ko)
　실행 화면

지원 OS	윈도우
난이도	매우 낮음
한국어 지원	O
비용	무료

장점 윈도우 브라우저에서 누구나 쉽게 사용할 수 있다.

단점 편집 가능한 해상도와 제한된 편집 기능으로 약하다.

■ 다빈치 리졸브(DaVinci Resolve 18)

실시간, 타임라인 기반의 영상 편집 및 컬러 그레이딩 소프트웨어로 윈도우, macOS와 리눅스 운영체제를 지원한다. 영상 편집 기능이 그리 유명하진 않으나 색 보정 부분이 뛰어나다. 현재 할리우드에서 제작되는 대부분의 영화는 이 소프트웨어를 이용하여 색 보정 작업을 한다. 현재 대부분의 국내 방송도 다빈치 리졸브로 색 보정 작업이 진행된다.

▲ https://www.blackmagicdesign.com/kr/

지원 OS	윈도우
난이도	매우 높음
한국어 지원	X
비용	무료 체험판

장점 다양한 컬러 컬렉션과 멀티 유저 컬래버레이션, 수준 높은 포스트 프로덕션, 오디오 툴의 사용이 가능하다.

단점 전문가용으로 익숙해지는 데 시간이 걸릴 수 있고, 영상에 따라 고사양의 컴퓨터가 필요하다.

■ 인비디오 AI(invideo AI)

주제만 입력하면 AI가 자동으로 스크립트와 장면, 음성 해설 등을 추가한다. 브루(Vrew)처럼 쉽게 주제만 짧게 몇 단어 입력하면 내레이션과 함께 영상을 생성한다.

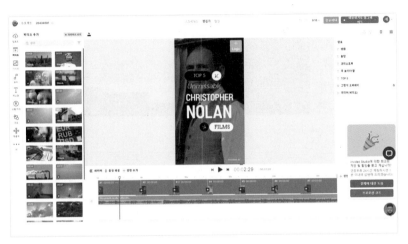

▲ 인비디오 AI(https://ai.invideo.io) 실행 화면

지원 OS	윈도우
난이도	매우 낮음
한국어 지원	X
비용	무료

장점 AI 기능으로 주제와 간단한 내용을 입력하면 자동으로 영상을 생성한다.

단점 모든 영상은 영문으로 진행된다. 영문으로 쇼츠를 만드는 사람에게는 유리할 수도 있다.

■ 망고보드

망고보드는 프로그램 설치 없이 웹사이트에서 바로 편집이 가능하다. AI, 템플릿, 그래픽, 텍스트, 패턴 배경, 차트까지 초보자도 쉽게 영상을 만들 수 있다.

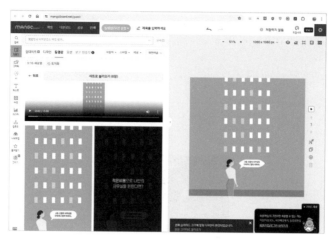

▲ 망고보드(https://www.mangoboard.net/guest) 실행 화면

지원 OS	맥, 윈도우
난이도	매우 낮음
한국어 지원	O
비용	무료

장점 다양한 기능과 설치 없는 웹사이트, 다양한 템플릿을 이용한 편집이 가능하다.

단점 무료로 사용 시 용량과 제한이 걸려 있고 사용료도 타 프로그램에 비해 비싼 편이다.

소개한 영상 편집 프로그램 외에도 무료로 사용할 수 있는 편집기가 많으며 검색을 통해 자신이 사용하기 편한 영상 편집기를 찾아서 만들 수 있다. 영상을 스마트폰으로 직접 촬영해서 올릴 때는 딱히 편집기가 필요없을 때도 있으나 자막이나 내레이션 등 다양한 효과를 넣고 싶을 때는 영상을 촬영하고 PC에서 영상 편집기를 이용하는 것이 효율적이다. 다만 쇼츠는 편집보다는 바로 촬영해서 그대로 올리는 것도 어떤 콘텐츠냐에 따라 매력적일 수 있다. 쇼츠를 만들 때에는 영상을 꼭 편집해야겠다는 생각만 빼면 더 많은 영상을 촬영하고 만들 수 있다.

03 유튜브 수익 창출은 언제부터 가능할까?

대부분 유튜브를 시작하는 건 수익 창출을 위함일 것이다. 롱폼의 영상을 올릴 때 수익 창출의 조건은 까다로웠다. 지난 2023년 9월 시점으로 유튜브 파트너 프로그램의 자격 기준이 완화되었다. 완화된 요건을 충족하는 크리에이터는 유튜브 쇼핑으로 제품을 홍보할 수 있고, SUPER THANK, SUPER CHAT, SUPER STICKERS, 채널 멤버십 등의 팬 후원 기능과 유튜브 크리에이터 지원팀의 서포트에도 접근할 수 있게 되었다.

이를 신청하기 위한 요건은 다음과 같다.

❶ 구독자 500명(기존 1,000명)
❷ 지난 90일간 공개 동영상의 유효 업로드 3회
❸ 지난 1년간 긴 형식 공개 동영상의 유효 시청 시간 3,000시간
❹ 지난 90일간 공개 Shorts 동영상의 유효 조회수 300만 회

위의 요건에 충족하면 유튜브 스튜디오 내 수익 창출 탭을 눌러 신청할 수 있다. 또한, 요건을 충족하지 못한 경우 진행 상황을 추적할 수 있고, 신청 자격을 얻으면 알림을 받도록 신청할 수도 있다. 유튜브 관련 자세한 내용 등을 직접 알고 싶다면 트위터에 가입하여 팀 유튜브 계정을 팔로우하고 직접 문의하여 관련 사항 답변을 받을 수 있다.

최근에 한국어 지원도 생겨서 트위터 계정을 태그해 한국어로 문의하면 답변을 받아볼 수 있다.

▲ 채널 대시보드(https://studio.youtube.com/channel/UCOipcKsjDD4-0GwxKUX4RZQ)

자신의 채널에서 수익 창출 탭에서 자격요건과 충족 요건을 확인할 수 있다. 충족이 되면 [지금 신청하기]가 활성화된다.

쇼츠 채널을 처음 만들고 영상을 올리기 시작했다면 유튜브 스튜디오 앱을 통해 자신이 진행하는 채널의 과정을 볼 수 있다. 쇼츠를 올리기 위해 시간대 분석을 할 수 있고 시청자와 수 등을 바로 확인할 수 있다.

1 유튜브 스튜디오 앱

2 자격 요건과 구독자 수를 볼 수 있다.

3 2단계 인증을 진행 한다.

4 메일로 로그인하고 사용 설정을 누른다.

5 전화번호를 입력하고 문자나 통화를 하여 인증을 완료한다.

6 자신의 스마트폰 기기의 모델이 나오고 인증이 완료된다.

7 자격 요건을 충족하면 알려준다.

8 요건이 충족되면 [지금 신청하기]가 활성화된다.

자격 요건이 모두 갖추어졌다면 보통 1달 내에 승인이 되거나 검토에 문제가 된다면 문제점을 확인해 다시 승인받을 수 있다. 그렇다면, 크리에이터의 채널은 어떤 방법으로 수익을 창출할 수 있을까?

1. 유튜브 쇼츠나 영상으로 수익을 창출하는 방법에는 광고 수익과 보기 페이지 광고, 쇼츠 피드 광고에서 수익을 창출할 수 있다.

2. 유튜브 프리미엄 구독자가 크리에이터의 콘텐츠를 신청하면 구독료의 일부가 지급된다.

1. 1개월은 무료로 사용할 수 있으며 이후 19,500원의 구독료를 지불해야 한다. 통신사나 인터넷 사이트 검색으로 좀 더 가격을 낮추어 사용할 수 있으나 다만 구독료가 합리적인지는 의문이다.

2. 채널 멤버십을 통해 유료 회원 가입자에 회원 전용 프로그램을 제공한다.

3. SUPER THANKS는 구독자가 영상과 댓글 섹션에 자신이 올릴 메시지를 눈에 띄게 만드는 유료 기능으로 수익을 창출할 수 있다.

4. SUPER CHAT&SUPER STICKERS는 LIVE 채팅창에서 자신이 올린 메시지나 애니메이션을 눈에 띄게 할 수 있는 유료 기능이 있다.

5. 유튜브 쇼핑은 온라인 홈쇼핑과 유사한 방식으로 시청자가 제품을 보고 구매할 수 있도록 해주는 기능이다. 화장품이나 운동용품 등 최근에는 유튜브 채널을 통해 다양한 시장을 이루고 판매하고 있어서 기업이나 일반 판매자도 활용하고 있다.

▲ 보통 사람을 위한 운동 채널(https://www.youtube.com/@ordinary_fit)

쇼핑몰이나 판매를 목적으로 만드는 쇼츠 채널은 스토어 연동과 함께 각종 판매 제품 등을 쇼츠로 만들어 홍보할 수 있고 판매할 수 있다. '보통사람을 위한 운동채널' 쇼츠 채널은 구독자 90만 명 이상으로 많은 영상과 쇼츠를 통해 스토어 페이지를 만들어 쇼핑몰 링크를 통해 운동용품을 판매하고 있는 채널이다.

04 유튜브 채널 만들기

유튜브는 개인 채널과 브랜드 채널을 만들 수 있다. 개인 채널은 말 그대로 자신의 채널 그 자체를 말하고 브랜드 채널은 개인 채널이 성장하여 각각 파트너십이나 MCN(다중 채널 네트워크)업체와 계약하는 경우 브랜드 계정을 활용할 수 있다. 유튜브 채널을 만들기 위해선 구글의 개인 계정이 필요하다. 구글 가입 방법은 기본 포털이나 웹사이트 가입 양식과 크게 다르지 않으므로 따로 설명하지 않겠다. 쇼츠를 당장 시작하지 않더라도 다양한 AI와 연동하고 앞으로 사용할 영상 편집기 등에 가입 시 구글 아이디 하나만 있으면 쉽게 가입할 수 있으니 구글 아이디는 꼭 만들어 놓아야 한다. 그렇다면, 구글의 아이디가 있는 경우 개인 채널을 만들기 위한 방법을 알아보자.

1 유튜브 채널 만들기

유튜브 채널은 콘텐츠나 카테고리별로 다양하게 만들 수 있다. 즉 하나의 구글 계정으로 채널을 여러 개 만들 수 있다.

1 http://youtube.com/account로 접속해서 계정 상태를 클릭하고 '새 채널 만들기'를 선택한다.

2 먼저 기획한 채널의 쇼츠 채널을 만든다면 자신이 원하는 이름을 만들면 되지만 아무 계획 없이 만들 필요는 없다. 충분히 검토 후에 채널은 언제든 만들 수 있으니 이 부분은 콘텐츠 기획과 본문의 내용을 다 보고 난 후에 해도 상관없다. 생각한 콘텐츠와 아이디어가 있다면 원하는 제목을 입력한다.

채널은 바로 만들 수 있는데, 만약 〈짧은독서〉라는 채널을 만든다고 하면 '채널 이름 추가'에 이름을 넣고 만들기를 클릭하면 된다. 개인 채널 외에 여러 가지 채널을 만들어 다양한 영상을 올리는 것도 전략적일 수 있다.

채널이 만들어지면 만들기 버튼을 클릭하여 유튜브 스튜디오(Studio)로 들어가 영상을 업로드할 수가 있다. 또는 유튜브 오른쪽 위에 만들기 아이콘을 클릭해 언제든지 영상을 업로드하거나 수정할 수 있다.

2 프로필 사진 수정하기

만들어진 채널에서 프로필 사진 수정을 클릭하면 Studio로 이동하고 자신의 채널에 브랜딩할 수 있는 내용들이 나온다. 여기서 프로필 사진 은 98×98 픽셀 이상, 4MB 이하의 사진, PNG, GIF(움직이는 GIF 제 외) 파일을 사용하면 된다.

사용하고 싶은 사진을 선택하여 업로드를 클릭 후 이미지를 동그란 위 치에 맞춘 후 [완료] 버튼을 클릭한다. 이미지는 코파일럿(Copilot)에서 안경 쓰고 독서하는 여성의 이미지를 만들어 가져왔다.

배너 이미지도 작성해 올릴 수 있고, 자신이 창작해서 만든 영상에 워터마크를 넣어 저작권에 대한 강화를 할 수도 있다. 로고 관련은 앞에서 다룬 저작권 관련 내용에서 확인하고 그에 맞게 로고와 워터마크를 만들어 자신의 채널을 브랜드화 시켜보자.

이제 대시보드로 이동하면 자신이 만든 쇼츠 영상을 업로드할 수 있다.

05 유튜브 커뮤니티 가이드 위반 경고 (수익 창출 정지)

유튜브나 쇼츠를 시작하기에 앞서 알아야 할 사항이 있다. 쇼츠 영상의 업로드는 수익 창출을 목적으로 시작하는 경우가 대부분이기 때문에 저작권이라든가 유튜브에서 지정하는 가이드를 여러 차례 위반하게 되면 채널이 사라질 수가 있다. 이런 내용들은 주기적으로 업데이트되기 때문에 영상을 시작하기 전에 필히 숙지하고 시작하는 것이 좋다.

가이드 위반은 자신도 모르게 발생할 수도 있고 채널이 해킹되어도 발생할 수 있다. 또한 일반 구독자의 신고 등으로 이루어지거나 저작권자가 신고할 경우도 있다.

1 재사용된 콘텐츠나 중복 콘텐츠는 '수익 창출 정지'

틱톡이나 릴스 등 다양한 숏폼을 보는 사용자들은 유튜브에서 유사하거나 보았던 쇼츠 영상이 자주 나오는 것을 볼 수 있다. 이는 대부분 해외 틱톡이나 릴스 등의 영상을 가져와 번역해서 올리거나 더빙하고 자막을 넣어 그대로 사용하는 경우가 많다. 사실상 재사용된 영상이나 다름없지만 유튜브에서는 이를 제재하고 있지는 않다. 오히려 직접 찍은 영상을 간혹 잘못된 영상으로 오해하여 수입을 중지시키는 사례도 많이 발생하고 있어 알고리즘의 문제인지 실제 구글에서 직접 관리를 제대로 하는지는 알 수 없다. 다만 실제 커뮤니티 가이드에는 재사용된 콘텐츠나 중복 콘텐츠에 대해서는 제재하고 있다고 설명하고 있기에 해외의 숏폼을 가져다 무한정으로 사용하다가 수익 창출이 정지될 수도 있다.

인스타그램이나 틱톡 등에서 영상을 가져와 사용할 경우 출처를 밝힌다 해도 원 저작자나 시청자가 관련 영상을 신고하게 되면 경고나 주의를 받을 수 있다. 유튜브 측에선 다음과 같은 가이드 라인을 위반하는 콘텐츠에 대한 설명을 하고 있다.

2 가이드 라인을 위반하는 콘텐츠

자동으로 생성된 콘텐츠 또는 기본 템플릿을 사용해 제작된 콘텐츠로 채널을 구성하면 수익 창출이 안 될 수 있다.

- 웹사이트나 뉴스 피드의 텍스트와 같이 내가 원래 제작하지 않은 자른 자료를 읽기만 하는 콘텐츠

- 음 높이 또는 속도를 수정했지만 그 밖의 부분은 원곡과 동일한 노래

- 반복되는 유사한 콘텐츠나 교육적 가치, 해설, 설명이 거의 없는 단순한 콘텐츠

- 템플릿을 사용하거나 대량 제작하거나 프로그래머틱(Programmatic Advertising) 방식으로 생성한 콘텐츠

- 설명, 해설, 교육적 가치가 거의 없거나 전혀 없는 이미지 슬라이드쇼 또는 스크롤 텍스트

즉, 대량으로 만들어진 영상 같은 경우 정지당했을 때 항의를 하면 영상 제작 방법이나 편집 과정 등을 보내달라고 하는 경우도 있다.

3 유튜브 커뮤니티 가이드

유튜브의 커뮤니티 가이드는 커뮤니티를 안전하게 유지하기 위해 만들어졌다. 유튜브에서 허용되는 콘텐츠와 허용되지 않는 콘텐츠를 명시

하며, 동영상, 댓글, 링크, 미리보기 이미지 등 플랫폼에 존재하는 모든 유형의 콘텐츠에 적용되는데 그 가이드 목록을 살펴보자.

- **스팸 및 현혹 행위**

  허위 참여, 명의 도용, 외부 링크, 스팸, 현혹 행위 사기, 재생 목록, 추가 정책

- **민감한 콘텐츠**

  아동 보호, 썸네일, 과도한 노출 및 성적인 콘텐츠, 자살 및 자해 행위, 저속한 언어

- **폭력적이거나 위험한 콘텐츠**

  괴롭힘 및 사이버 폭력, 유해하거나 위험한 콘텐츠, 증오심 표현, 폭력 범죄 조직, 폭력적이거나 노골적인 콘텐츠

- **규제 상품**

  총기류, 불법 또는 규제 상품과 서비스 판매

- **잘못된 정보**

  잘못된 정보, 잘못된 선거 정보, 잘못된 의료 정보

- **교육, 다큐멘터리, 과학, 예술(EDSA) 콘텐츠**

  유튜브에서 EDSA(교육(E), 다큐멘터리(D), 과학(S), 예술(A)) 콘텐츠를 평가하는 방법

4 커뮤니티 가이드 위반 경고와 대처법

만약 경고를 받았을 경우에는 이메일이 발송되며 모바일과 컴퓨터 알림 표시를 선택할 수 있다. 채널 대시보드에서 확인할 수도 있다.

- 삭제된 콘텐츠

- 위반한 정책(괴롭힘 또는 폭력)

- 내 채널에 미치는 영향

- 취할 수 있는 조치

    이런 내용의 메일을 최초로 받았을 경우에는 일반적인 경우에는 주의만 주어지고 90일 후에 소멸되도록 하려면 정책 교육을 수료해야 한다. 또한 90일 안에 동일한 정책을 또다시 위반하게 되면 주의가 소멸되지 않으며 채널에 경고가 주어지게 된다. 경우에 따라서 심각한 서비스 악용은 한 번만 발생해도 주의 없이 채널이 폐쇄될 수 있다.

    주의에 대한 이의신청은 다음과 같다.

1. 유튜브 스튜디오에 로그인한다.

2. 왼쪽 메뉴에서 콘텐츠를 클릭한다.

3. 이의 신청할 동영상으로 이동한다.

4. 동영상 세부 정보에서 오른쪽 제한 열에서 제한 유형에 마우스 커서를 올려놓은 다음 이의 신청을 클릭한다. 이의 신청 사유를 입력하고 제출을 클릭한다.

　꾸준히 쇼츠를 올리고 수익을 창출하고 싶은 크리에이터라면 저작권이나 위반 관련 사항을 잘 명시하고 관리해야 한다. 가끔 실수나 잘못한 게 없는 경우에도 커뮤니티 가이드 위반에 대한 주의가 오는 채널도 있으므로 이럴 땐 이의신청을 제출하고 유튜브 측에 꼭 문의하여 불이익을 받지 않도록 하자.

06 저작권 확인하기

▲ 한국저작권위원회 홈페이지
(https://www.copyright.or.kr)

한국저작권위원회의 홈페이지에서는 다양한 자료와 함께 상담도 가능하다.

앞서 커뮤니티 가이드 위반에서도 언급했지만, 저작권에 대한 문제는 반드시 해결하고 콘텐츠를 만들어야 한다. 영상에 음원이나 초상권 관련 문제가 생기면 쇼츠에 수익 창출은 되지 않기 때문이다. 초반 쇼츠를 만든 크리에이터들은 재사용 영상이나 저작권에 상관없이 마구잡이 식으로 만들어 배포하는 경우도 많았다. 하지만 이는 수익 창출에 모두 제한되는 상황이 될 수밖에 없다.

허가되지 않은 창작물이나 방송국, 연애, 뉴스, 영화, 음악 등 기타 다양한 저작권이 있는 영상들을 재사용할 경우에는 저작물에 대한 허락을 받았는지 확인해야 한다. 가장 많이 문제 되는 것이 음원이나 자막 사용할 때 생각 없이 쓰는 글꼴(폰트)일 수 있다.

무료 이미지의 경우도 마찬가지다. 보통 무료 이미지 사이트에서 사용할 수 있는 무료 이미지도 간혹 유료로 전환이 된다거나 무료로 사용할 수 있는 기간이 있을 수도 있다. 이미지를 사용할 때는 되도록 무료 이미지 사이트에서 받더라도 라이선스에 관한 사용 권한을 반드시 확인한 후 사용토록 하자.

1 폰트 라이선스 확인하기

폰트 사용 시 저작권 침해 소송을 당하지 않도록 주의해야 한다. 폰트 저작권은 다음과 같다.

1. 폰트 파일은 저작권으로 보호된다

컴퓨터에 설치하는 폰트 파일은 단순한 이미지가 아닌, 글자 모양, 크기, 위치 등을 정의한 컴퓨터 프로그램으로 저작권법에 의해 보호되며 무료 폰트라고 해도 저작권이 없는 것은 아니므로, 사용 전에 라이선스를 꼼꼼히 확인해야 한다.

라이선스에 따라 개인용, 상업용, 인쇄, 웹디자인, 영상, e-Book, CI/BI, 임베딩 등 사용 범위가 제한될 수 있으며 라이선스 위반 시 저작권 침해로 간주되어 민·형사상 책임을 질 수 있다.

2. 폰트 도안은 저작권 보호가 제한적일 수 있다

폰트의 독창적이고 창작적인 디자인 요소는 디자인보호법에 의해 보호될 수 있지만, 이미 존재하는 글자를 변형하거나 조합한 경우, 독창성이 인정되지 않아 디자인보호를 받지 못할 수도 있다. 따라서 폰트 도안을 사용하거나 수정하기 전에 디자인 출처를 확인하고, 디자인 보호 여부를 따져야 한다.

3. 무료 폰트라도 주의가 필요하다

무료 폰트라도 라이선스에 따라 사용 범위가 제한될 수 있으므로 쇼츠에서 사용할 폰트를 인터넷에서 무료로 다운로드했더라도 저작권 침해가 될 수 있다. 특히 개인 이용만 가능한 무료 폰트를 상업적인 목적으로 사용하면 저작권 침해가 될 수 있다.

폰트를 변형하거나 다른 폰트와 혼합하여 사용하기 전에 라이선스를 확인해야 하며 라이선스 내용을 잘 모르겠다면 사용하지 않는 것이 안전하다.

폰트를 다운로드할 때는 종종 license 또는 readme.txt 파일이 포함되어 있으며, 이 파일에는 폰트의 디자이너 정보와 사용에 관한 내용이 담겨 있다. 따라서 폰트를 사용하기 전에 이러한 라이선스 조건을 반드시 확인하고 준수해야 한다.

4. 폰트 저작권 침해 시 문제점

저작권 침해 시 민사상 손해배상책임을 물을 수 있으며 쇼츠 영상이 삭제될 수 있다.

심각한 경우 유튜브 채널 정지 또는 폐쇄될 수도 있다.

5. 폰트 저작권 침해를 피하기 위한 방법

- 무료 폰트라도 라이선스를 꼼꼼히 확인하고, 규정을 준수한다.

- 유료 폰트는 정식 판매처에서 구매한다.

- 개인적으로 제작된 폰트는 저작권 소유자의 허락 없이 사용하지 않는다.

- 폰트를 변형하거나 다른 폰트와 혼합하여 사용하기 전에 저작권 침해가 없는지 확인한다.

- 의심이 되는 경우는 사용하지 않는 것이 안전하며 전문가와 상담한다.

6. 폰트 저작권 침해를 피하기 위한 OFL 사용

OFL(Open Font License) 파일은 폰트에 대한 모든 권리를 공개한 폰트로, 폰트 파일을 유료로 판매하는 것을 제외하고 큰 제약 없이 사용 가능한 라이선스다. 일일이 사용 범위 확인이 힘들고, 저작권에 대해서 어려움을 느끼면 간편하게 OFL 파일만 사용하면 안전하게 상업적 목적으로 폰트 사용을 할 수 있다.

■ 폰트 파일에 대한 저작권 바로 알기

▲ PDF 파일 다운로드: https://url.kr/aqyjtf

　한국저작권위원회가 배포하는 폰트 파일의 저작권에 관한 내용으로 다양한 가이드와 사례들이 있으므로 숙독하는 것이 좋다.

2 무료 폰트 사이트

　한국어 폰트에 중점을 둔 무료 폰트 사이트로 다양한 스타일의 깔끔하고 세련된 폰트를 제공한다.

　모든 폰트는 상업적 용도로 무료로 사용할 수 있으며, 출처를 표시할 필요가 없다. 그러나 폰트를 다운로드하기 전에 사용 허가 조건을 꼼꼼히 확인하는 것이 안전하다.

1. 눈누 (Noonu): https://noonnu.cc

2. Google Fonts: https://fonts.google.com

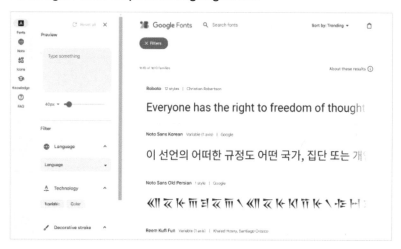

구글에서 제공하는 무료 폰트 사이트로 다양한 언어와 함께 방대한 폰트 라이브러리를 제공하며, 웹 페이지에 폰트를 직접 적용할 수 있는 편리한 기능을 제공한다.

3. FontSpace: https://www.fontspace.com

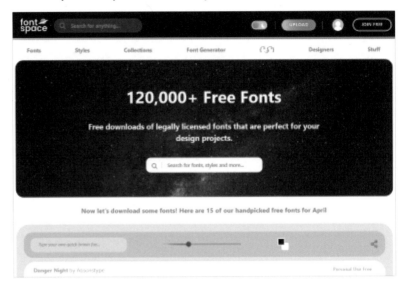

다양한 스타일의 무료 폰트를 제공하는 사이트로 상업적 용도로 사용 가능한 폰트를 필터링하여 쉽게 찾을 수 있다.

4. DaFont: https://www.dafont.com

방대한 폰트 라이브러리를 제공하는 사이트로 다양한 스타일의 무료 폰트를 찾을 수 있다.

5. Font Squirrel: https://www.fontsquirrel.com

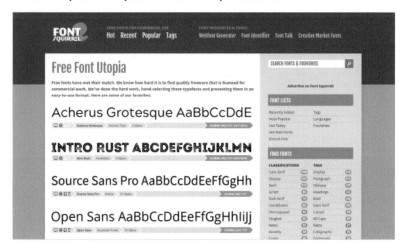

무료 및 유료 폰트를 제공하는 사이트로 상업적 용도로 사용 가능한 폰트를 필터링하여 쉽게 찾을 수 있다.

3 폰트 사용을 위한 팁

■ OTF와 TTF 폰트 파일의 차이점

OTF(OpenType Font)와 TTF(TrueType Font)는 모두 컴퓨터에서 폰트를 표시하는 데 사용되는 일반적인 폰트 형식이지만, 몇 가지 주요 차이점이 있다.

■ 곡선 표현 방식

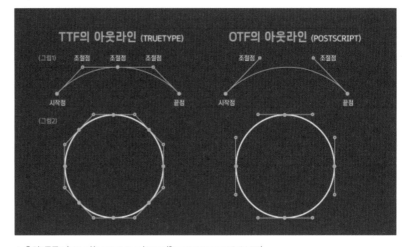

▲ 출처: 준폰트(https://joonfont.com/forum/?mod=document&uid=20)

- TTF: 트루타입(TTF)은 2차원 베지어 방식(Quadratic Bezier)으로 곡선을 구현한다. 2차원이라 계산량이 작아 표현의 속도가 비교적 빠르지만, 자유롭고 예리한 곡선 표현은 조금 어렵다. 비교적 빠르다는 장점이 있어 일반적인 문서 작업에 주로 사용되지만, 섬세한 곡선 표현이 어렵기 때문에 고해상도 출력에는 한계가 있다.

- OTF: 오픈타입(OTF)의 경우, 3차원 베지어 방식(Cubic Bezier)으로

곡선을 구현한다. 3차원으로 계산 과정이 좀 더 복잡하므로 비교적 표현 속도가 느린 편이지만, 곡선 표현이 깔끔하게 가능하다. 프린트용 글꼴의 경우 대부분 3차원 베지어 방식을 쓰므로, 고해상도 인쇄의 경우 오픈타입을 사용하는 것이 적합하다.

글꼴을 처리하는 데 있어 오픈타입(OTF)이 트루타입(TTF)보다 더 많은 정보를 바탕으로 처리하여, 화면에 폰트를 표시하는 데 시스템 리소스를 더 소모한다. 하지만 PC 성능이 발전된 현재에는 크게 유의미한 차이는 없다.

하지만, 오픈타입의 경우 일부 해상도가 낮은 모니터 혹은 일부 프로그램에서는 오히려 매끄럽지 않게 보일 수 있어 사용 환경에 따라 적절히 골라 사용하는 것이 좋다.

또한 일반 작업 환경과 출력물의 크기가 작은 경우는 별다른 차이가 없지만, 고해상도와 출력물이 큰 경우에는 차이를 느낄 수도 있다.

■ **OTF와 TTF 폰트 형식의 장단점**

- **OTF**: 더욱 부드러운 곡선 표현, 다양한 고급 기능 지원, 미래 호환성을 원한다면 OTF 폰트 형식을 사용하는 것이 좋다.

- **TTF**: 작은 파일 크기, 높은 호환성을 원한다면 TTF 폰트 형식을 사용하는 것이 좋다.

OTF 폰트는 TTF 폰트를 포함하는 경우가 많다. 즉, OTF 폰트 파일을 열면 TTF 폰트 파일도 함께 열 수 있다. 최신 운영 체제와 프로그램들은 대부분 OTF 폰트 형식을 지원한다.

일반적으로, TTF는 표준 문서 작업과 웹용으로 충분하며, OTF는 그래픽 디자인과 고해상도 인쇄 작업에 더 적합하다. 현대의 컴퓨터에서는 두 형식 간의 성능 차이가 크게 느껴지지 않을 수 있으나, 디자인의 복잡성이나 특정 기능의 필요성에 따라 적절한 형식을 선택하는 것이 좋다.

4 무료 이미지 사이트

짧고 흥미로운 영상으로 시청자들의 관심을 사로잡는 쇼츠 영상은 개인 브랜드 구축, 제품 홍보, 트렌드 참여 등 다양한 목적으로 활용되고 있다. 하지만, 매력적인 쇼츠 영상을 제작하기 위해서는 고품질 이미지가 필수적이며, 모든 이미지를 유료로 구매하는 것은 현실적으로 어려울 수 있다.

이러한 문제를 해결하기 위해 무료 이미지 사이트들이 등장했다. 무료 이미지 사이트는 개인 또는 상업적 목적으로 무료로 사용할 수 있는 고품질 이미지를 제공한다. 다양한 스타일과 주제의 이미지를 제공하기 때문에, 쇼츠 콘텐츠에 적합한 이미지를 쉽게 찾을 수 있다.

무료 이미지라 하더라도 저작권이 존재한다는 점을 기억해야 한다. 무료 이미지 사이트를 이용하기 전에 사용 허가 조건을 꼼꼼히 확인하고, 출처 표시 등의 조건을 준수해야 한다. 또한, 저작권 침해의 위험을 방지하기 위해 신뢰할 수 있는 사이트에서 이미지를 다운로드하는 것이 중요하다.

■ CCL 표시에 따른 저작물의 이용 허락 범위 확인하기

CCL 저작물이란 저작(권)자가 일정한 조건으로 자신의 저작물을 다른 사람이 이용할 수 있도록 허락을 표시한 저작물이다.

• **CCL**: Creative Commons License(자유 이용 허락 표시)

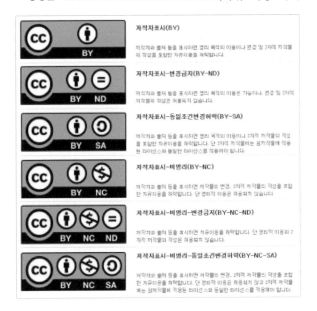

CCL 저작물 이용자는 원 저작물의 저작자 등을 반드시 표기하고 원 저작물의 이용 허락 조건(범위)에서 이용해야 한다.

• **저작자 등 표시**: 저작물명 by 저작자명, 출처, CCL 조건

- **예시**: 저작물명: ○○○○○, 저작자명: 홍길동, 출처: 공유마당, CCL 조건: CC BY

CCL 저작물의 이용 허락 조건(범위)는 4가지 기본 원칙에 기반하여, 6가지 이용 허락 조건으로 이루어진다.

▲ 한국저작권위원회 공유 마당(https://gongu.copyright.or.kr)

위 동영상 CCL 표시 예시와 같이 영상이 시작되는 부분이나 마지막에 CCL에 대한 내용을 삽입하면 된다.

■ **쇼츠 콘텐츠에 무료 이미지를 활용할 때 꼭 확인해야 할 사항**

- **사용 허가 조건**: 이미지를 상업적 또는 개인적 용도로 사용할 수 있는지, 출처를 표시해야 하는지 등을 확인한다.

- **저작권 표시**: 이미지에 저작권 표시가 있는지 확인하고, 표시된 대로 표시한다.

- **출처 표시**: 이미지의 출처를 명확하게 표시한다.

- **신뢰할 수 있는 사이트**: 저작권 침해 위험을 방지하기 위해 신뢰할 수 있는 사이트에서 이미지를 다운로드한다.

- **이미지의 품질**: 이미지의 해상도와 선명도가 높은지 확인한다.

- **이미지의 다양성**: 다양한 주제와 스타일의 이미지가 있는지 확인한다.

- **사이트의 사용 편의성**: 사이트가 사용하기 쉽고 원하는 이미지를 쉽게 찾을 수 있는지 확인한다.

무료 이미지 사이트를 올바르게 활용하면, 저렴한 비용으로 고품질 이미지를 확보하여 쇼츠 콘텐츠의 질을 높일 수 있다. 하지만, 저작권 침해의 위험을 방지하기 위해 항상 주의해야 한다.

5 무료 이미지 사이트 소개

상업적으로 사용이 가능한 무료 이미지를 제공하는 다양한 사이트들이 있으며 사이트를 선택할 때는 다음과 같은 요소들을 고려하는 것이 좋다.

- **이미지의 질**: 이미지의 해상도와 선명도가 높은지 확인한다.

- **이미지의 다양성**: 다양한 주제와 스타일의 이미지가 있는지 확인한다.

- **사용 허가 조건**: 이미지를 상업적으로 사용할 수 있는지, 출처를 표시해야 하는지 등을 확인한다.

- **사이트의 사용 편의성**: 사이트가 사용하기 쉽고 원하는 이미지를 쉽게 찾을 수 있는지 확인한다.

무료 이미지 사용 팁

• 검색어를 사용하면 원하는 이미지를 빠르게 찾을 수 있다.

• 여러 사이트를 비교하여 가장 좋은 이미지를 찾아보면 좋다.

• 이미지를 다운로드하기 전에 사용 허가 조건을 꼼꼼히 확인해야 한다.

• 고품질 이미지를 원한다면 유료 이미지 사이트도 고려해 볼 수 있다.

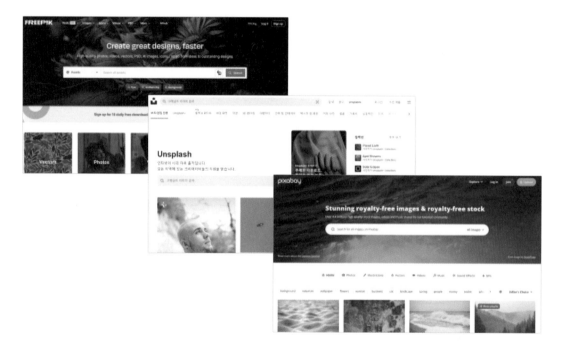

■ **프리픽(Freepik): https://www.freepik.com**

　Freepik은 방대한 양의 무료 이미지, 벡터, 아이콘, PSD 파일을 제공한다. 개인 및 상업적 목적으로 이미지를 무료로 사용할 수 있으며, 다양한 검색 필터와 편집 도구를 통해 원하는 이미지를 쉽게 찾고 활용할 수 있다.

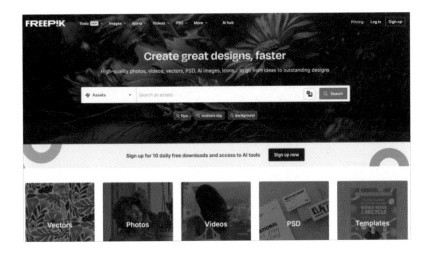

Freepik의 주요 특징

• **방대한 이미지 및 리소스 라이브러리**: 수백만 개의 고품질 이미지, 벡터, 아이콘, PSD 파일을 제공한다.

• **다양한 검색 및 필터링 옵션**: 키워드, 카테고리, 색상, 방향, 크기 등을 기준으로 이미지를 검색하고 필터링할 수 있다.

• **맞춤형 편집 도구**: 이미지 크기 조정, 자르기, 필터 적용, 텍스트 추가 등 다양한 편집 작업을 직접 수행할 수 있다.

• **무료 및 프리미엄 플랜**: 기본적인 이미지 다운로드는 무료이며, 더 많은 기능과 고품질 이미지를 원하는 경우 프리미엄 플랜을 구독할 수 있다.

• **활발한 커뮤니티**: Freepik 커뮤니티에 참여하여 다른 사용자들과 아이디어를 공유하고 협업할 수 있다.

Freepik 활용 팁

• **키워드 검색**: 원하는 이미지를 빠르게 찾으려면 키워드 검색 기능을 활용한다.

- **고급 검색 필터**: 검색 결과를 좁히려면 카테고리, 색상, 방향, 크기 등 다양한 필터를 사용한다.

- **맞춤형 편집**: 이미지를 다운로드하기 전에 직접 편집하여 원하는 모습으로 만들 수 있다.

- **출처 표시**: 무료 이미지를 사용할 경우 출처를 명확하게 표시해야 한다.

- **저작권 확인**: 일부 이미지는 유료 라이선스가 필요할 수 있으므로, 다운로드 전에 사용 허가 조건을 꼼꼼히 확인한다.

Freepik은 개인, 블로거, 디자이너, 마케터 등 다양한 사람들에게 유용한 무료 이미지 및 리소스 사이트이다. 방대한 이미지 라이브러리, 다양한 검색 및 편집 도구, 활발한 커뮤니티를 통해 원하는 이미지를 쉽게 찾고 활용할 수 있다.

■ **픽사베이(Pixabay): https://pixabay.com**

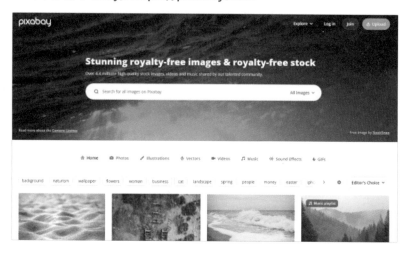

Pixabay는 개인 및 상업적 목적으로 무료로 사용할 수 있는 방대한 고품질 이미지, 벡터 그래픽, 영상, 음악 및 사운드 효과를 제공하는 인기 있는 웹사이트이다. 2012년 오픈한 이후 Pixabay는 전 세계 수백만 명의 사용자들에게 사랑받고 있으며, 다양한 분야에서 활용되는 이미지와 리소스를 제공한다.

Pixabay의 주요 특징 :

- **엄선된 고품질 이미지**: Pixabay는 엄격한 검토 과정을 거쳐 수작업으로 선별된 고품질 이미지만을 제공한다. 해상도가 높고 선명하며, 다양한 스타일과 주제를 선택할 수 있어 원하는 이미지를 쉽게 찾을 수 있다.

- **방대한 이미지 및 리소스**: Pixabay는 수백만 개의 이미지, 벡터 그래픽, 영상, 음악 및 사운드 효과를 제공한다. 다양한 검색 필터와 카테고리를 통해 원하는 리소스를 빠르고 쉽게 찾을 수 있다.

- **무료 및 상업적 이용 가능**: Pixabay 이미지는 개인 및 상업적 목적으로 무료로 사용할 수 있다. 출처 표시는 권장하지만 필수는 아니다.

- **안전하고 신뢰할 수 있는 플랫폼**: Pixabay는 모든 이미지가 저작권 침해 위험이 없음을 보장하며, 사용자 커뮤니티에서 신고된 이미지는 즉시 검토 및 조치를 취한다.

- **활발한 커뮤니티**: Pixabay는 전 세계 사용자들로 구성된 활발한 커뮤니티를 가지고 있다. 이미지 업로드, 다운로드, 댓글, 좋아요 등을 통해 다른 사용자들과 소통하고 협업할 수 있다.

Pixabay 활용 팁

- **Curatr**: Pixabay는 인기 있는 이미지와 트렌드를 보여주는 Curatr 갤러리를 제공한다. 영감을 얻고 새로운 아이디어를 찾는 데 도움이 된다.

- **키워드 검색**: 키워드 검색 기능을 활용하면 원하는 이미지를 빠르게 찾을 수 있다.

- **고급 검색 필터**: 검색 결과를 좁히려면 카테고리, 색상, 방향, 크기, 라이선스 유형 등 다양한 필터를 사용할 수 있다.

- **Pixabay 편집기**: 이미지를 다운로드하기 전에 직접 편집하여 원하는 모습으로 만들 수 있다.

- **커뮤니티 활용**: 다른 사용자들의 작품을 참고하고, 댓글을 통해 피드백을 받거나 질문을 하는 등 Pixabay 커뮤니티를 활용할 수 있다.

Pixabay는 개인, 블로거, 디자이너, 학생, 마케터 등 다양한 사람들에게 유용한 무료 이미지 및 리소스 사이트로, 고품질 이미지, 다양한 검색 및 편집 도구, 활발한 커뮤니티를 통해 원하는 이미지를 쉽게 찾고 활용할 수 있다.

■ **언스플래시 (Unsplash): https://unsplash.com**

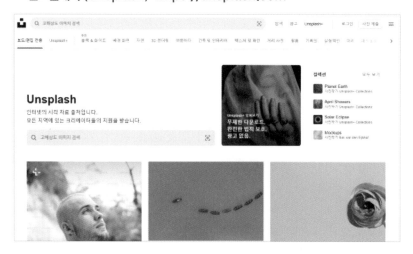

Unsplash는 매일 새로운 고품질 사진을 무료로 제공하는 인기 있는

웹사이트이다. 2013년 공개 이후 Unsplash는 전 세계 수백만 명의 사진 작가와 사용자들이 모여 아름다운 이미지를 공유하고 활용하는 플랫폼으로 자리 잡았다.

Unsplash의 주요 특징

- **엄선된 고품질 사진**: Unsplash는 전 세계 사진 작가가 기부한 수십만 장의 고품질 사진을 제공한다. 해상도가 높고 선명하며, 다양한 스타일과 주제를 선택할 수 있어 원하는 이미지를 쉽게 찾을 수 있다.

- **매일 새로운 사진**: Unsplash는 매일 10장의 새로운 사진을 추가하여 사용자들에게 항상 새로운 영감을 선사한다.

- **무료 및 상업적 이용 가능**: Unsplash 사진은 개인 및 상업적 목적으로 무료로 사용할 수 있다. 출처 표시는 권장하지만, 필수는 아니다.

- **안전하고 신뢰할 수 있는 플랫폼**: Unsplash는 모든 사진이 저작권 침해 위험이 없음을 보장하며, 사용자 커뮤니티에서 신고된 사진은 즉시 검토 및 조치한다.

- **활발한 커뮤니티**: Unsplash는 전 세계 사진 작가와 사용자로 구성된 활발한 커뮤니티를 가지고 있다. 사진 업로드, 다운로드, 댓글, 좋아요 등을 통해 다른 사용자들과 소통하고 협업할 수 있다.

Unsplash 활용 팁

- **키워드 검색**: 원하는 사진을 빠르게 찾으려면 키워드 검색 기능을 활용하면 좋다.

- **고급 검색 필터**: 검색 결과를 좁히려면 카테고리, 색상, 방향, 크기, 라이선스 유형 등 다양한 필터를 사용할 수 있다.

- **Collections**: Unsplash는 인기 있는 사진들을 그룹화한 Collections 기능을 제공한다. 영감을 얻고 새로운 아이디어를 찾는 데 도움이 된다.

- **Unsplash 편집기**: 사진을 다운로드하기 전에 직접 편집하여 원하는 모습으로 만들 수 있다.

- **커뮤니티 활용**: 다른 사용자들의 작품을 참고하고, 댓글을 통해 피드백을 받거나 질문을 하는 등 Unsplash 커뮤니티를 활용할 수 있다.

Unsplash는 개인, 블로거, 디자이너, 학생, 마케터 등 다양한 사람들에게 유용한 무료 이미지 사이트이다. 고품질 사진, 다양한 검색 및 편집 도구, 활발한 커뮤니티를 통해 원하는 이미지를 쉽게 찾고 활용할 수 있다.

■ **펙셀스 (Pexels): https://www.pexels.com/**

Pexels는 개인 및 상업적 목적으로 무료로 사용할 수 있는 방대한 고품질 이미지와 영상을 제공하는 인기 있는 웹사이트이다. 2015년 오픈 이후 전 세계 수백만 명의 사용자들에게 사랑받고 있으며, 다양한 분야에서 활용되는 이미지와 영상을 제공한다.

Pexels의 주요 특징 :

- **엄선된 고품질 이미지 및 영상**: Pexels는 엄격한 검토 과정을 거쳐 수작업으로 선별된 고품질 이미지와 영상만을 제공한다. 해상도가 높고 선명하며, 다양한 스타일과 주제를 선택할 수 있어 원하는 이미지와 영상을 쉽게 찾을 수 있다.

- **방대한 이미지 및 영상 라이브러리**: Pexels는 수백만 개의 이미지와 영상을 제공하며 다양한 검색 필터와 카테고리를 통해 원하는 리소스를 빠르고 쉽게 찾을 수 있다.

- **무료 및 상업적 이용 가능**: Pexels 이미지와 영상은 개인 및 상업적 목적으로 무료로 사용할 수 있다. 출처 표시는 권장하지만 필수는 아니다.

- **안전하고 신뢰할 수 있는 플랫폼**: Pexels는 모든 이미지와 영상이 저작권 침해 위험이 없음을 보장하며, 사용자 커뮤니티에서 신고된 리소스는 즉시 검토 및 조치를 취한다.

- **활발한 커뮤니티**: Pexels는 전 세계 사용자들로 구성된 활발한 커뮤니티를 가지고 있다. 이미지와 영상 업로드, 다운로드, 댓글, 좋아요 등을 통해 다른 사용자들과 소통하고 협업할 수 있다.

Pexels 활용 팁 :

- **키워드 검색**: 원하는 이미지와 영상을 빠르게 찾으려면 키워드 검색 기능을 활용한다.

- **고급 검색 필터**: 검색 결과를 좁히려면 카테고리, 색상, 방향, 크기, 라이선스 유형 등 다양한 필터를 사용한다.

- **Discover**: Pexels는 인기 있는 이미지와 영상을 보여주는 Discover 섹션을 제공한다.

- **Pexels 편집기**: 이미지와 영상을 다운로드하기 전에 직접 편집하여 원하는 모습으로 만들 수 있다.

- **커뮤니티 활용**: 다른 사용자들의 작품을 참고하고, 댓글을 통해 피드백을 받거나 질문을 하는 등 Pexels 커뮤니티를 활용할 수 있다.

Pexels는 개인, 블로거, 디자이너, 학생, 마케터 등 다양한 사람들에게 유용한 무료 이미지 및 영상 사이트로, 고품질 이미지와 영상, 다양한 검색 및 편집 도구, 활발한 커뮤니티를 통해 원하는 리소스를 쉽게 찾고 활용할 수 있다.

■ 모그파일 (Mogfile): https://morguefile.com

Mogfile은 개인 및 상업적 목적으로 무료로 사용할 수 있는 고품질 이미지를 제공하는 웹사이트다. 2006년 출시된 이후 Mogfile은 전 세계 수백만 명의 사진작가와 사용자가 모여 아름다운 이미지를 공유하고 활용하는 플랫폼으로 자리 잡았다.

Mogfile의 주요 특징

- **엄선된 고품질 이미지**: Mogfile은 전문 사진작가가 기부한 수십만 장의 고품질 이미지를 제공한다. 해상도가 높고 선명하며, 다양한 스타일과 주제를 선택할 수 있어 원하는 이미지를 쉽게 찾을 수 있다.

- **무료 및 상업적 이용 가능**: Mogfile 이미지는 개인 및 상업적 목적으로 무료로 사용할 수 있다. 출처 표시는 권장하지만, 필수는 아니다.

- **안전하고 신뢰할 수 있는 플랫폼**: Mogfile은 모든 이미지가 저작권 침해 위험이 없음을 보장하며, 사용자 커뮤니티에서 신고된 이미지는 즉시 검토 및 조치를 취한다.

- **창의적인 커뮤니티**: Mogfile은 사진작가들과 사용자들로 구성된 활발한 커뮤니티를 가지고 있다. 이미지 업로드, 다운로드, 댓글, 좋아요 등을 통해 다른 사용자들과 소통하고 협업할 수 있다.

Mogfile 활용 팁

- **키워드 검색**: 키워드 검색은 원하는 이미지를 빠르게 찾을 때 활용한다.

- **고급 검색 필터**: 카테고리, 색상, 방향, 크기, 라이선스 유형 등 다양한 필터를 사용할 수 있다.

- **Explore**: Mogfile은 인기 있는 이미지와 사진작가를 보여주는 Explore 섹션을 제공한다.

- **Mogfile 편집기**: 이미지를 다운로드하기 전에 간단하게 편집하여 원하는 모습으로 만들 수 있다.

- **커뮤니티 활용**: 다른 사용자들의 작품을 참고하고, 댓글을 통해 피드백을 받거나 질문을 할 수 있다.

Mogfile은 개인, 블로거, 디자이너, 학생, 마케터 등 다양한 사람들에게 유용한 무료 이미지 사이트로 고품질 이미지, 다양한 검색 및 간단한 편집 도구, 활발한 커뮤니티를 통해 원하는 이미지를 쉽게 찾고 활용할 수 있다.

■ **틴아이 (tineye): https://tineye.com**

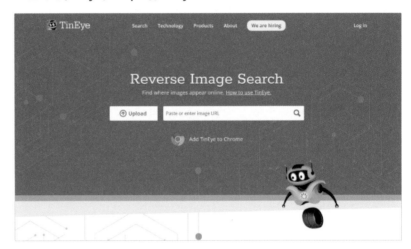

TinEye는 이미지를 사용하여 다른 웹사이트에서 동일하거나 유사한 이미지를 찾는 역이미지 검색 엔진이다. 텍스트 기반 이미지 검색과 달리 TinEye는 이미지 자체를 사용하여 검색을 수행하기 때문에 더 정확하고 효과적인 검색 결과를 제공한다.

TinEye의 주요 특징

• **역이미지 검색**: TinEye를 사용하여 업로드된 이미지와 유사하거나 동일한 이미지를 인터넷에서 검색할 수 있다. 로컬 드라이브, URL 또는 웹 이미지를 검색에 사용할 수 있다.

• **고급 검색 필터**: 검색 결과를 좁히기 위해 다양한 필터를 사용할 수 있다. 이미지 크기, 색상, 라이선스 유형 등을 기준으로 필터링할 수 있다.

• **반복된 이미지 찾기**: TinEye는 웹사이트에서 도난당하거나 불법적으로 사용된 이

미지를 찾는 데 도움이 될 수 있다. 자신의 이미지가 다른 사이트에 사용되었는지 확인하기 위해 TinEye를 사용할 수 있다.

- **비교 도구**: TinEye는 두 이미지를 나란히 비교하여 차이점을 파악하는 데 도움이 되는 비교 도구를 제공한다.

- **확장 프로그램 및 API**: TinEye는 웹 브라우저용 확장 프로그램과 웹 개발자를 위한 API를 제공한다.

TinEye 활용 팁

- 가능한 가장 높은 해상도의 이미지를 사용하는 것이 좋다. TinEye는 이미지의 세부 정보를 기반으로 검색을 수행하기 때문에 고해상도 이미지를 사용하면 더 정확한 결과를 얻을 수 있다.

- 전체 이미지를 사용하면 좋다. 이미지의 일부만 사용하면 TinEye가 유사한 이미지를 찾는 데 어려움을 겪을 수 있다.

- 이미지 크기, 색상, 라이선스 유형 등 다양한 필터를 사용하여 검색 결과를 좁히면 좋다.

- TinEye 확장 프로그램 또는 API를 사용하면 편리하다. 웹 브라우저에서 TinEye를 자주 사용하는 경우 확장 프로그램을 설치하거나 웹 개발자의 경우 API를 사용하는 것이 편리하다.

TinEye는 개인, 블로거, 디자이너, 예술가, 연구원 등 다양한 사람들에게 유용한 도구다. 이미지 검색 및 역이미지 검색을 통해 원하는 이미지를 빠르고 쉽게 찾고, 도난당하거나 불법적으로 사용된 이미지를 찾는 데 도움을 받을 수 있다.

07 쇼츠와 커머스 연계하기

쇼츠를 시작하라고 권유하는 이유는 당연하지만, 수익 창출을 위함이다. 쇼츠는 전 세계적으로 수익을 창출하고 있다. 하지만 처음 쇼츠를 시작하는 사람이 영상을 많이 올린다고 수익이 나온다고 할 수 없다. 같은 영상을 반복하거나 내용이 빈약하다 보면 수십 개의 쇼츠를 올린다고 수익으로 오란 법은 없다. 여기서 말하는 내용은 일부 개인에만 치우치는 게 아니라 개인사업자나 작은 소규모의 사업체, 어떠한 제품 등을 판매하는 사람들이라면 광고 방식을 쇼츠로 바꾸어 보는 고민을 해봐야 한다. 쇼츠를 보다 보면 이미 시작한 업체도 많다. 또한 개인도 커머스와 연계해서 수익을 창출하고 있다.

커머스(Commerce)와 연계하여 수익을 창출하는 방법 또한 고민할 수 있다.

유튜브 쇼츠는 지난 2022년 11월부터 디지털 광고 시장 침체에 대응하기 위해 쇼핑 기능을 도입했다. 따라서 동영상 속에 자신이 판매하는 제품에 쇼핑 태그를 추가할 수 있게 되었다. 이로써 국내의 자영업자들도 쇼츠를 이용하여 판매할 수 있고 자신의 가게 등 다양한 방식으로 연계할 수가 있다.

유튜브 쇼핑 기능을 사용하려면 자신의 스토어를 채널에 연결해야 한다. 단, 자격요건을 충족하지 못할 시 연결할 수 없다. 스토어는 여러 개를 연결할 수 있고 연결이 되었을 시 스토어 탭, 직접 태그하기, 제품 섹션 항목을 사용할 수 있다.

　중소기업이나 자영업자 같은 경우 유튜브 스토어를 이용해 광고 영상과 함께 홍보를 하고 판매를 할 수 있다.

　헬스, 음식 관련 채널은 대부분 자신이 개발한 음식이나 운동기기 등을 쇼핑몰과 연계하여 판매와 롱폼, 쇼츠 등 다양한 영상을 올리고 있으나 지금까지 타 쇼핑몰을 연동하여 판매하는 크리에이터는 국내에 많지 않아 보인다.

PART **02**

쇼츠 기획하기

유튜브 쇼츠를 보다 보면 무작위로 만들어진 재생산된 영상이 많다. 처음 구독자를 늘리기 위해 쉬운 방법을 택하는 경우도 많지만 결국 오래가지 못하거나 수익 창출에 불이익을 받을 수 있다.

쇼츠와 광고는 짧은 영상으로 시청자에게 자신의 영상이나 제품 등을 빠르게 홍보하고 인식할 수 있는 유사한 형식의 영상이다.

쇼츠 영상을 만들기 위해 광고를 만드는 형식이나 구독자를 늘리기 위한 전략 모델을 살펴보자.

01 유튜브 쇼츠, 숏폼 동영상의 시작

한국의 TV 광고는 대부분 15초 길이다. 그러나 1998년 유럽에서 5초, 10초, 60초 등 다양한 길이의 광고가 유입되었다. 도입 초기에는 5초 광고 3개를 이어 붙인 15초 광고로 활용되는 이상의 주목은 받지 못했다. 방송법상 개별 광고 길이에 관한 제한은 별도로 존재하지 않았지만, TV라는 매체의 특성상 당시에는 주로 15초 길이의 광고 상품을 선호하였다. 하지만 유튜브, 틱톡 등 다양한 동영상 플랫폼이 발달하면서 짧은 길이의 동영상은 다시 주목받게 되었다.

올레스마트폰영화제 6초 부문 - 이예건 '충전'
조회수 9.5천회 · 9년 전

한겨레TV

올레스마트폰영화제 6초 부문 - 이예건 '충전'

올레스마트폰영화제 6초 부문 - 이기훈 'Don't do that'
조회수 4.4천회 · 9년 전

한겨레TV

올레스마트폰영화제 6초 부문 - 이기훈 'Don't do that'

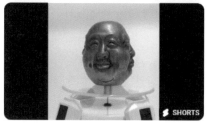

올레스마트폰영화제 6초 부문 - 박호준 '인생은 희로애락'
조회수 2.9천회 · 9년 전

한겨레TV

올레스마트폰영화제 6초 부문 - 박호준 '인생은 희로애락'

2019년, '웃음도 감동도 5초면 OK! 6초 동영상 도전기'라는 '올레스마트폰영화제'에서 보듯 사람들은 짧고 강렬한 영상에 다시 주목하기 시작했고 이는 유튜브 광고에서 시작되었다.

▲15초 분량의 유튜브 Preroll 광고

이러한 현상은 온라인에서의 많은 정보, 많은 영상 때문에 사용자들이 페이지를 쉽게 건너뛰었기 때문이었다. 이는 유튜브에서 5초 뒤 건너뛸 수 있는 광고, '트루뷰'(TrueView) 형식을 도입하게 되었고 광고주들은 사용자들에게 5초 이내에 제품명이나 서비스를 각인시킬 수 있는 아이디어를 원하게 되었다. 그리고 이러한 짧은 영상의 유행은 2012년 시작된 틱톡이 동영상 플랫폼의 주류로 주목받게 되는 결과를 가져왔다.

틱톡은 장이밍이 설립한 IT 기업 바이트댄스가 소유하고 있는 글로벌 숏폼 비디오 플랫폼으로 3초에서 10분까지 동영상을 제작할 수 있다. 짧은 음악, 립싱크, 댄스, 코미디, 탤런트, 챌린지와 같은 영상을 제작 및 공유할 수 있는 동영상 공유 소셜 네트워크 서비스다.

바이트댄스는 틱톡을 2016년 9월 중국 시장에 '더우인'이라는 이름으로 출시하며 1년 만에 이용자 1억 명을 돌파했다. 나아가 해외 시장 진출을 위해 틱톡을 만들었으며, 2017년, 중국 본토 외 150개 국가 및 지역에서 75개의 언어로 iOS와 안드로이드용 틱톡을 출시했다. 또한 미국 비디오 앱 '뮤지컬리(Musical.ly)'를 인수하며 지금의 틱톡 생태계를 완성했다. 현재 틱톡은 월평균 이용자 8억 명, 전 세계 누적 다운로드 수 20억 회를 기록하고 있다. 국내에서는 2017년 11월부터 정식으로 서비스를 시작했다.

틱톡이 주목받게 된 이유는 다양하겠지만 가장 큰 이유는 '흥미로운 콘텐츠와 중독성 있는 경험 제공'이라고 할 수 있다.

이를 통해 틱톡은 단순히 짧은 동영상을 공유하는 플랫폼을 넘어, 전 세계적으로 엄청난 인기를 얻고 있는 사회문화적 현상으로 발돋움하게 되었다.

특히, 틱톡 서비스가 주목받은 이유로는 '짧고 재미있는 콘텐츠의 최초 제공'이라고 할 수 있다. 틱톡은 짧은 영상으로 구성되어 있어, 시청자들이 쉽게 시청하고 소비할 수 있다는 장점이 있으며 유튜브 등 다른 플랫폼보다 이러한 숏폼을 메인으로 하여 빨리 서비스했다는 것이다.

성능이 뛰어난 스마트폰 시대에 맞춰 스마트폰만으로도 누구나 쉽게 영상을 촬영하고 편집할 수 있는 기능을 제공했다는 것도 장점 중의 하나일 것이다. 또한 다양한 필터와 효과를 꾸준히 개발, 적용하여 영상을 더욱 풍부하게 만들 수 있다는 점, 배경음악, 효과음, 텍스트 등을 활용하여 영상을 더욱 풍부하게 만들 수 있다는 점이 사용자들의 창의성을 자극한다.

브랜드 홍보 및 수익 창출에 있어서도 선도적인 역할을 했다. 틱톡은 기업들에게 브랜드 홍보 및 마케팅을 위한 효과적인 플랫폼을 제공했으며, 쇼핑 기능을 통해 사용자들이 영상 속 상품을 직접 구매할 수 있도록 지원하여 콘텐츠 제작자들의 수익 창출 기회를 제공했다.

틱톡의 이러한 약진은 유튜브를 자극하게 되었고, 이는 2020년 9월 14일 인도에서 처음 출시되는 유튜브 쇼츠로 이어진다. 그리고 다음 해인 2021년에 걸쳐 전 세계적으로 활성화가 되었으며 2023년 2월 1일부터 유튜브는 60초 안팎의 짧은 영상 '쇼츠'에도 광고 수익을 배분했다. 유튜브는 YouTube Premium에서 발생한 순수익 중 쇼츠로 수익을 창출하는 크리에이터에게 할당되는 순수익의 45%를 지급하게 된다.

▲YouTube Shorts 수익 창출 정책(https://support.google.com/youtube/answer/12504220)

02 쇼츠와 광고

쇼츠는 짧은 동영상이라는 점에서 광고와도 많이 닮았다 할 수 있다. 유튜브 쇼츠를 브랜드 광고, 제품 광고 등 다양한 광고로 활용하는 방법도 있지만 대부분 쇼츠는 광고에서 진지하게 다루어지는 브랜드의 관리나 제품 홍보와는 달리 큰 부담이 없는 영상이라고 할 수 있다. 광고 영상도 재미있다면 찾아서 보는 것처럼 쇼츠 또한 광고의 다양한 테크닉을 활용한다면 충분히 눈길을 끌 수 있다.

포장에 미쳐버린 신상 애플 아이맥 M1 퍼플 언박싱 (1분 ...
조회수 991만회

박살난 갤럭시 플립을 본 김계란의 평가
조회수 834만회

잇섭 전자기기 불량품 매드무비
조회수 809만회

남의 차 포르쉐 비닐뜯기ㅋㅋㅋ
조회수 569만회

KT에 한달에 50만원 쓰는 사람의 최후
조회수 556만회

잇섭의 서브채널 〈없섭〉은 250만 구독자의 〈잇섭〉의 서브채널로 본 채널인 잇섭의 영상을 활용한 쇼츠가 많다. LG전자의 쇼츠를 활용한 광고는 LG전자의 브랜드 이미지까지 고려한 세련된 영상들이 많다.

편하다는 착각 | Life's Good |
LG 코드제로 오브제컬렉션
조회수 342만회

어때? 물을 다루는 빛나는 능
력.💧 라이트온 | Life's Goo…
조회수 252만회

능력 진짜 좋네👍 라이트온 |
Life's Good | LG 퓨리케어 …
조회수 249만회

깨끗하다는 착각 | Life's Good
| LG 코드제로 오브제컬렉션
조회수 225만회

LG 퓨리케어 오브제컬렉션 :
물을 다루는 완벽한 능력 마…
조회수 211만회

▲ 나이키 에어 맥스 180 by Jean Luc Godard(1991)https://youtu.be/TbqaWUH9cYo

　유명 영화 감독인 '장뤽 고다르'의 Nike Air Max 180 광고(1991)는 가
벼운 영상이지만 유명한 거장을 통해 브랜드 이미지까지 고려했다.

앞서 살펴본 250만 구독자 잇섭의 서브채널에서는 본채널과는 다른 느낌의 간접광고 쇼츠, LG전자의 쇼츠를 통한 광고. 그리고 장뤽 고다르가 만든 나이키 광고는 서로 다른 듯하지만 모두 부담 없는 짧은 영상이라는 점, 그리고 각자 다른 매력으로 눈길을 끌고 있다는 점에서 주목할 필요가 있다. 특히 나이키의 광고는 가볍지만, 기발한 아이디어를 통해 쇼츠를 만들 때 하나의 팁으로 고려할 수 있다.

쇼츠 영상을 만들려면 간결하고 흥미로운 아이디어와 적절한 비주얼 효과를 활용하는 것이 중요하다. 몇 가지 팁을 소개한다.

1. **간결한 스토리 또는 메시지 선택**: 쇼츠는 짧은 시간 동안 전달되어야 하므로, 명확하고 간결한 스토리 또는 메시지를 선택한다.

2. **효과적인 시작**: 시청자의 시선을 끌기 위해 강력한 시작 부분을 만들어 보자. 빠르게 이해되고 흥미를 유발하는 것이 좋다.

3. **시각적인 효과 활용**: 짧은 동영상에서는 시각적 효과가 중요하다. 다양한 비주얼 요소와 효과를 활용하여 영상을 더 흥미롭게 만들어 보자.

4. **음악 및 사운드 이용**: 적절한 음악이나 효과음을 추가하여 쇼츠에 감성을 더할 수 있다.

5. **유머와 창의성**: 유머를 활용하거나 창의적인 요소를 추가하여 시청자들에게 기억에 남는 경험을 제공한다.

6. **타깃 시청자 고려**: 쇼츠를 만들 때 목표로 하는 시청자의 관심사와 취향을 고려하여 제작한다.

7. **플랫폼 규칙 이해**: 쇼츠를 업로드하는 플랫폼의 규칙을 이해하고 준수한다. 각 플랫폼은 독특한 규정과 포맷을 가지고 있을 수 있다.

8. **분석을 통한 지속적인 개선**: 각 영상의 조회수, 좋아요, 댓글 수 등을 분석하여 어떤 영상이 시청자들에게 인기가 있는지 파악하고, 이를 바탕으로 다음 영상 제작에 반영한다면 조회수와 구독자 수를 늘리는 데 도움이 된다.

쇼츠 영상을 만들 때는 창의성과 효율성을 모두 고려하여 시청자들에게 인상적인 경험을 전달할 수 있도록 노력해야 한다.

성공적인 쇼츠 제작을 위한 추가 팁

- 일상생활 속에서 흥미로운 아이디어가 떠오르면 메모하는 등 틈틈이 기록을 해두면 많은 도움이 된다. '기록은 기억을 지배한다'라는 유명한 문장을 잊지 말자.

- 다양한 숏폼 동영상을 시청하는 것도 많은 도움이 된다. 다른 제작자들의 영상을 참고하면서 새로운 영감을 얻을 수 있고, 트렌드를 파악할 수 있으며 이를 자신만의 다른 방식으로 발전시키면 차별화된 영상을 제작할 수 있다.

- 꾸준히 노력하라. 짧고 의미가 없는 영상이라도 꾸준히 제작하고 업로드하는 것이 가장 중요하다. 특히 인터넷은 예상치 못한 방식으로 영상이 인기를 얻는 놀라운 사례들을 수없이 만들어 왔다. 그중에서도 명확한 의미나 메시지가 없는 영상이 뜻밖의 인기를 얻어 전 세계적인 화제가 되는 경우들이 종종 있다.

▲"Charlie bit my finger – again!" 조회수 8.8억 회 (https://youtu.be/_OBlgSz8sSM)

▲"David after dentist" 조회수 1.4억 회 (https://youtu.be/txqiwrbYGrs)

03 유튜브 쇼츠 조회수와 구독자를 늘리기 위한 전략 모델

현대 디지털 시대에서 유튜브는 전 세계적으로 가장 인기 있는 동영상 플랫폼으로 자리 잡았다. 특히 유튜브 쇼츠는 짧고 매력적인 콘텐츠 형식으로 빠르게 성장하며, 브랜드 인지도를 높이고 구독자를 확보하기 위한 효과적인 도구로 주목받고 있다. 하지만 경쟁이 치열한 유튜브 쇼츠 시장에서 성공하기 위해서는 명확한 전략과 노력이 필요하다.

광고에서의 소비 행동 모델을 충분히 활용한다면 유튜브 쇼츠 전략을 효과적으로 수립하여 다양한 쇼츠 영상과 함께 조회수를 높이며 성공적인 유튜브 쇼츠 채널을 구축할 수 있을 것이다.

광고 테크닉을 활용하기에 앞서 소비 행동에 대한 대략적인 법칙을 알아두면 좋다.

1 AIDMA, 소비 행동의 고전적 모델

1920년대에 미국의 경제학자 새뮤얼 롤랜드 홀(Samuel Roland Hall)이 제시한 이론으로 소비자들이 구매에 이르는 심리적 발전 단계를 표현한 말로 5단계의 머리글자를 따서 AIDMA라고 부른다.

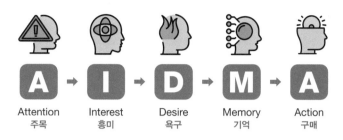

| Attention | Interest | Desire | Memory | Action |
| 주목 | 흥미 | 욕구 | 기억 | 구매 |

이 모델을 유튜브 쇼츠에 활용한다면 다음과 같을 것이다.

① **Attention(주목)**: 영상에 대한 주목도를 높인다.

② **Interest(관심)**: 관심을 두게 만들어 영상을 보게 한다.

③ **Desire(욕구)**: 다른 영상도 보게 한다.

④ **Memory(기억)**: 채널을 기억하게 한다.

⑤ **Action(행동)**: 채널 구독과 알림까지 가게 한다.

2 AISAS 모델

21세기가 되면서 인터넷과 스마트폰의 발달로 소비자들이 더 이상 기업이 일방적으로 전하는 메시지(광고)에만 의존하지 않게 되자 2004년 일본의 광고대행사 덴츠에서 정립한 이론으로 고객의 구매 행동을

Attention(인지/주의) → Interest (흥미/관심) → Search (검색) → Action(구매) → Share(공유)의

흐름으로 새롭게 제시한 모델이다.

① **Attention(주목)**: 영상에 대한 주목도를 높인다.

② **Interest(관심)**: 관심을 두게 만들어 영상을 보게 한다.

③ **Search(검색)**: 다른 영상과 채널을 찾아보게 한다.

④ **Action(구매)**: 채널 구독과 알림까지 가게 한다.

⑤ **Share(공유)**: 영상을 다양한 커뮤니티나 SNS에서 공유하게 한다.

이처럼 AISAS 모델은 다양한 커뮤니티나 SNS를 활용한 바이럴(viral) 효과까지 얻을 수 있다는 장점이 있다.

③ Dual AISAS 모델

2015년에 공개된 Dual AISAS 역시 덴츠에 의해 정립된 이론으로 인터넷 환경이 PC에서 모바일로 전환되는 시점에 등장했다.

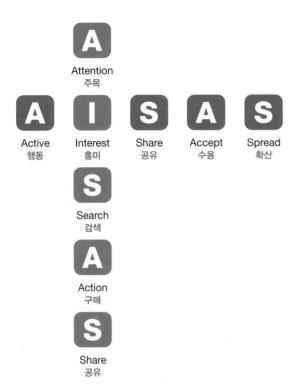

기존 모델인 AISAS에서 Attention(주목) 이후 모바일을 통한 Action이 추가된 구매 행동 모델로 이는 SNS의 등장과 관련이 높다. 제품을 발견한 고객이 곧바로 Share(공유)의 단계로 들어가고 이후 Accept(수용)에서 곧바로 Spread(확산), 즉, 공유로 이어지는 흐름이다.

그리고 SNS 등의 미디어에서 공유된 콘텐츠가 Accept(수용)하는 것을 반복하고 Spread(확산)에 연결되며 또 다른 소비자에게 의견이 전달된다는 개념이다.

AIDMA 모델은 유튜브 플랫폼 내에서의 전략으로 활용할 수 있으며 AISAS와 Dual AISAS 모델은 커뮤니티와 SNS를 활용하는 바이럴 마케팅 전략으로 활용할 수 있다. 이처럼 다양한 모델을 적절하게 활용한다면 쇼츠 조회수와 채널의 구독자를 늘리게 하는 전략으로 활용할 수 있다.

소비 행동 모델로 성공한 광고 사례로는 다음과 같은 것들이 있다.

■ 삼성전자의 갤럭시 S22 시리즈 광고

▲ 갤럭시 S22 광고 "어둠을 생생하게"(https://www.youtube.com/watch?v=y0gaU9_LYuc)

삼성전자는 갤럭시 S22 시리즈 광고에서 '혁신적 카메라, 최고 성능'을 강조하며 "어둠을 생생하게"라는 메시지를 통해 소비자의 관심을 끌었다. 이어서, 갤럭시 S22의 뛰어난 카메라 성능을 보여주는 영상을 통해 소비자의 흥미를 유발했으며, 갤럭시 S22를 사용하면 얻을 수 있는 다양한 혜택을 강조하여 소비자의 구매 욕구를 자극했다. 마지막으로, 갤럭시 S22를 사용한 소비자들의 만족스러운 후기를 통해 소비자의 구매 결정과 함께 SNS에서의 공유를 유발한다.

■ LG전자의 휘센 에어컨 광고

▲ LG 휘센 오브제컬렉션: 아무것도 하지 않고 모든 것을 하는 삶, 라이프 센세이션(통합 편)(https://www.youtube.com/watch?v=fD8CSH4IWMI)

    LG전자는 휘센 에어컨 광고에서 "아무것도 하지 않고 모든 것을 하는 삶, 라이프 센세이션"이라는 메시지를 통해 소비자의 관심을 끌었다. 이어서, 휘센 에어컨의 혁신적인 기술과 디자인을 보여주는 영상을 통해 소비자의 흥미를 유발하며, 휘센 에어컨을 사용하면 얻을 수 있는 편리함과 쾌적함을 강조하여 소비자의 구매 욕구를 자극했다. 마지막으로, 휘센 에어컨을 사용한 소비자들의 만족스러운 후기를 통해 소비자의 구매 결정과 함께 SNS에서의 공유를 유발한다.

■ **스타벅스의 프리퀀시 카드 광고**

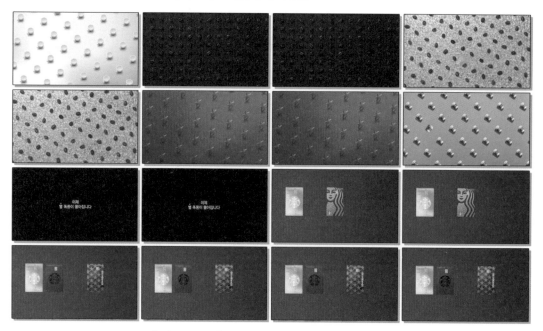

▲ [스타벅스 현대카드] 이제 별 폭풍이 몰아칩니다(https://www.youtube.com/watch?v=wEnw6YFW7Zs)

    스타벅스는 프리퀀시 카드 광고에서 "이제 별 폭풍이 몰아칩니다"라는 메시지와 세련된 화면으로 소비자의 관심을 끌었으며, 프리퀀시 카드로 얻을 수 있는 다양한 혜택을 보여주는 영상을 통해 소비자의 흥미를 유발했다. 또한, 프리퀀시 카드를 사용하면 얻을 수 있는 재미와 즐거움을 강조하여 소비자의 구매 욕구를 자극하고, 프리퀀시 카드를 사용한 소비자들의 만족스러운 후기를 통해 소비자의 구매 결정과 함께 SNS에서의 공유를 유발한다.

    이러한 광고 사례들은 소비 행동 모델의 각 단계를 효과적으로 활용하여 소비자의 구매 결정 과정을 유도했다는 공통점이 있다.

■ **소비 행동 모델을 활용한 쇼츠 기획 시 고려할 사항**

- 타깃 소비자의 관심사와 니즈를 파악하여 적절한 메시지를 전달해야 한다.

- 쇼츠의 내용과 형식이 소비자의 흥미를 유발하고, 구매 욕구를 자극할 수 있도록 해야 한다.

- 쇼츠의 클릭을 유도하고, 시청 후 만족도를 높일 수 있어야 한다.

■ **소비 행동 모델을 통한 쇼츠 제작 방법 요약**

1. **인지 단계 시청자의 관심 끌기**: 쇼츠의 첫 몇 초 동안 시청자의 관심을 끌고 궁금증을 유발할 수 있는 영상. 예를 들면 문제 제시를 통해 시선을 끄는 방법이 있다.

2. **좋아요 단계**: 최신 트렌드나 유행을 반영하거나 감성적 요소를 활용하는 등 시청자들이 공감할 수 있는 영상을 통해 영상 몰입도와 공감도를 높일 수 있다.

3. **신뢰 단계**: 소비자들에게 신뢰감을 줄 수 있는 정보나 사용자 후기를 활용하는 방법 등을 통해 영상 및 채널의 신뢰도를 높일 수 있다.

4. **구매 단계**: 쇼츠의 끝 부분에서 좋아요나 구독 요청 등 명확한 행동 유도 메시지를 제시하는 것이 좋다.

5. **평가 단계**: 댓글, 좋아요 등을 통해 시청자들의 반응을 확인하며 지속적인 개선과 시청자들의 만족도와 공감도를 높이고 이를 통해 SNS나 인터넷 커뮤니티 게시판 등 다양한 플랫폼으로 공유를 유도한다.

04 광고 테크닉을 활용하는 다양한 쇼츠 팁

쇼츠는 짧은 광고 형식의 영상이다. 시청자를 잡기 위해서는 자극적인 카피나 영상을 필요로 한다. 그래서 내용과는 관계가 없는 어그로 (aggro)를 끌어서 시청자를 붙잡은 후에 보여주고 싶은 내용을 보이는 경우도 많다. 이런 방법들은 당장은 관심을 가질지 몰라도 실패하면 끝이 좋지 않아 사용하지 않는 것이 좋다. 그렇다면 실제 광고에서 사용되는 카피의 방법과 법칙 등을 알아보자.

① '3B' 광고 필승의 법칙

3B는 Baby(아기), Beauty(미인), Beast(동물)의 앞 글자를 딴 용어로 광고 등에 사용되는 요소들을 뜻한다.

Shorts   ✕

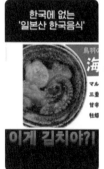    

한국인은 모르는 '한국음식' 모음ㅋㅋㅋ.jpg	Cooper the Golden Gently Meets My 1-...	캔 참치에 기생충?? ㄷㄷ 400배 확대 #참치 #...	진돗개에게 족발을 줬을 때	심각하게 귀여운 지상 최강의 맹수 아기 호랑...
조회수 131만회	조회수 283만회	조회수 844만회	조회수 231만회	조회수 347만회

만화 캐릭터 똑닮은 여
자친구
조회수 349만회

에밀리 블런트 미국인
테스트[2편] #실전영어...
조회수 58만회

아음속탄이 약하면 탄두
를 겁나 키우면 짱 쌤...
조회수 12만회

초고화질 낮달 #bgm
조회수 2.5만회

일주일 만에 집사 만난
고양이의 반응 '참았던...
조회수 255만회

▲ 3B를 썸네일로 활용한 유튜브 쇼츠

3B 마케팅이 무조건 성공한다고 할 수는 없다. 하지만 대중들이 보편
적으로 좋아하는 미인이나 아기, 동물을 보여줌으로써 1차적 관심을 집
중시킬 수 있다는 점이다. 이를 썸네일로 활용한다면 주목도를 높일 수
있다. 3B 법칙은 광고 기법의 하나로 무조건 성공을 보장할 수는 없지만
하나의 노하우이자 스킬로 활용할 수 있다.

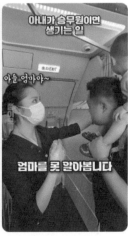

올해 가장 센스있는 배달원
조회수 1238만회

굉장히 어설픈 자세로 밥을 먹
는 여성 #Shorts
조회수 1027만회

아내가 승무원이면 생기는 일
조회수 949만회

개념없는 배달원 참교육시킨
여성 고객 #Shorts
조회수 936만회

때로는 3B보다 트렌드에 맞는 콘텐츠가 더 효과적일 수 있다. 이는 SNS나 커뮤니티 등을 통해 공유, 확산되기 때문이다.

2 3B에서 롱테이크를 활용하는 팁

광고 등에 사용되는 요소들을 뜻하는 3B는 Baby(아기), Beauty(미인), Beast(동물)의 앞 글자를 딴 용어로 이 세 가지 요소는 롱테이크 방식을 활용하면 좋다.

롱테이크 혹은 원테이크는 영상의 편집 없이 한 대의 카메라로 동선을 정해 멈추지 않고 촬영하는 기법을 말한다. 3B를 통해 1차적인 관심을 끈 다음 영상 끝까지 하나로 이어지는 방식은 단순하지만, 영상을 끝까지 보게 만드는 힘을 가지고 있으며 화려한 편집 기술이 없더라도 좋은 영상을 만들 수 있다.

S Shorts

Funny cat and dogs 😺😺 episode 146 #cat #pet #cat...
조회수 399만회

Funny Pets | 2024😺 Funny Dogs And Funny Cats Video...
조회수 1631만회

Funniest Videos 2022 😺 Funny Cats 🐱 #cute #cat...
조회수 4642만회

So funny cats compilation 2023 || so funny cat videos...
조회수 221만회

Funny Animal Videos O Day 0030! 😺😺 #fyp...
조회수 1508만회

▲ 3B 중 Beast를 주제로 한 인기 쇼츠(https://youtube.com/shorts/agJ0CvXXNRo)

위 영상 중 4,642만 회를 기록한 쇼츠를 보면 어떠한 편집도 없는 5초의 단순하고 아주 짧은 영상이지만, 상당한 조회수를 이끌고 있다.

3 광고 헤드라인과 쇼츠 썸네일 메시지

쇼츠에서 썸네일은 아주 중요한 요소지만 메시지 역시 영상을 클릭하게 만드는 중요한 요소다. 이는 광고에 있어서 헤드라인과 마찬가지의 비중을 가지고 있다.

광고 카피 테크닉의 고전인 존 케이플즈의 '광고 이렇게 하면 성공한다'에 따르면 성공적인 헤드라인을 만들기 위한 네 가지 중요한 특질로 다음과 같이 뽑았다.

❶ 이기심(고객들이 진정으로 원하는 것)

❷ 뉴스

❸ 호기심

❹ 빠르고 쉬운 방법 (+ 신뢰성)

이 중에서 특히 '호기심이 고양이를 죽인다'라는 말이 있을 정도로 호기심은 상당히 중요한 요소다. 그러나 흔히 말하는 '낚시질'은 개인 채널에 대한 신뢰를 무너뜨리게 하고 결국 실망하게 하여 외면하게 만든다.

결국 단순히 호기심만 내세우는 것보다는 콘텐츠 소비자들이 원하는 것을 이야기하는, 즉 이기심을 자극해야 한다. 이는 흐름에 맞는 뉴스를 제공하여 다양한 재미나 감동, 지적 호기심 충족 등을 만족시켜야 하며 빠르고 쉬운 방법의 경우 쇼츠에 적용한다면 '너무 과장된' 표현보다는 짧고 강렬한 메시지를 통해 빠르고 쉽게 읽혀야 한다.

쇼츠에는 실제와 다른 내용으로 자극적인 메시지를 붙여 수익을 내는 나쁜 영상이 꽤 많은데 몇 초 이내의 짧은 내용과 한 번 보면 금방 타임라인에서 금방 사라지는 부분을 악용하는 것이다. 그러나 이러한 쇼츠의 경우 곧 외면받게 되는 경우가 많다.

4 '광고 이렇게 하면 성공한다'에서 제시하는 '헤드라인을 쓰는 29가지 공식'

이 29가지 공식은 그대로 따라하기보다 쇼츠 메시지 작성 시 참고하면서 활용하면 도움이 된다.

● 뉴스 헤드라인

01. 헤드라인을 '알림'이라는 단어로 시작하라

　예 알림, 굉장히 새로운 차

02. 알린다는 내용을 가진 단어를 사용하라

　예 살로네트 드레스를 소개합니다.

03. '새로운'이라는 단어로 헤드라인을 시작하라

　예 체중 조절의 '새로운' 개념

04. '이제'라는 단어로 헤드라인을 시작하라

　예 이제 장기 자본 증가의 기회가 왔습니다.

05. '드디어'라는 단어로 헤드라인을 시작하라

　예 드디어! 한 권으로 엮은 세계사 출현

06. 헤드라인에 날짜를 넣어라

예 왜 GE의 전구는 올해 더욱 환할까요?

07. 헤드라인을 뉴스 방식으로 써라

예 이제 막 발행. 새로운 비즈니스 강좌를 알리는 새로운 소책자

● **가격을 취급하는 헤드라인**

08. 당신의 헤드라인에 가격을 밝혀라

예 품질 보장 17석(기계식) 시계. 16달러 95센트

09. 할인된 가격을 밝혀라

예 돼지 가죽으로 된 서류 파일 케이스가 19달러 80센트(35달러짜리)

10. 특별히 제시되는 머천다이징(merchandising)을 밝혀라

예 30일분 비타민 65센트

11. 쉬운 지급 방법을 밝혀라

예 1주일에 2달러씩만 내면 이 새로운 카세트테이프를 살 수가 있습니다.

12. 무료 선물을 밝혀라

예 무료 시험 특강

13. 가치 있는 정보를 제시하라

예 언제 이익을 얻을 수 있는가에 대한 확실한 사실

14. 이야깃거리를 말하라

예 나는 어떻게 하루 만에 기억력을 개선하였나?

● 헤드라인에 기본 단어 사용하기

15. '어떻게 하면(How to)'으로 헤드라인을 시작하라

예 어떻게 하면 간부가 될 수 있나?

16. '어떻게(How)'라는 말로 헤드라인을 시작하라

예 어떻게 나는 하루 4시간 일해서 생활비를 벌고 있나

17. '왜(Why)'란 말로 헤드라인을 시작하라

예 왜 이 비타민이 당신을 원기왕성하게 만드나

18. '어느 것(Which)'이라는 말로 헤드라인을 시작하라

예 어느 것이 당신 차에 좋은 배터리인가

19. '누군들(Who else)'이라는 말로 헤드라인을 시작하라

예 누군들 힘들이지 않고 흰 빨래를 하고 싶지 않겠는가?

20. '구함(Wanted)'이라는 말로 헤드라인을 시작하라

예 구함! 부동산 전문가, 높은 수입 보장

21. '이것(This)'이라는 말로 헤드라인을 시작하라

예 이 반짝거리는 도자기 닦개는 분명히 최신형입니다.

22. '조언'이라는 말로 헤드라인을 시작하라

예 조언, 비즈니스에 첫발을 내디딘 청년에게

23. 증언 형식의 헤드라인을 써라

예 나는 파산할 지경이었다 – 그래서 나는 월스트리트 저널을 읽기 시작했다.

24. 독자에게 테스트해 보게 하라

예 당신의 작문 실력에 대한 테스트

25. 한 단어짜리 헤드라인을 써라

예 회계 / 항공 / 다이아몬드 / 감소 / 부끄러움 / 법 / 특허 / 신경 / 티눈 / 비타민

26. 두 단어짜리 헤드라인을 써라

예 가려운 머리 / 기저귀 발진 / 대중 연설 / 살찐 여자 / 머리 감기

27. 잘 생각해서 구매하도록 경고하라

예 이 사실을 읽기 전에는 자동차 보험에 들지 마십시오.

28. 광고주가 독자에게 직접 이야기하게 하라

예 나는 당신에게 1년에 2천 달러의 수입을 보장해 드립니다.

29. 당신의 헤드라인을 특정인이나 특정 그룹에 보내라

예 헌 차를 쓰고 있는 사람에게

05 쇼츠를 위한 콘텐츠 기획하기

유튜브 쇼츠는 짧고 매력적인 영상 형식으로 빠르게 성장하며, 브랜드 인지도를 높이고, 구독자를 확보하며, 수익을 창출할 수 있는 강력한 도구로 주목받고 있다. 하지만 경쟁이 치열한 유튜브 쇼츠 시장에서 성공하기 위해서는 시청자 분석, 트렌드 분석, 경쟁 채널 분석을 통해 타겟 시청자를 이해하고, 알고리즘 친화적인 콘텐츠를 제작하며, 지속적인 성장을 위한 방향을 제시해야 한다. 이는 명확한 콘텐츠 기획을 통해서만 만들어질 수 있다.

성공적인 유튜브 쇼츠 채널 운영을 위해서는 우선 시청자의 참여를 유도하고, 알고리즘 친화적인 콘텐츠를 제작하는 것이 중요하다. 콘텐츠 기획은 이러한 목표를 달성하기 위한 토대를 마련하는 역할을 하기에 단순히 영상 제작 계획을 세우는 것 이상의 의미가 있다. 채널의 방향성을 제시하고, 지속적인 성장을 위한 전략을 수립하는 역할도 하기에 유튜브 쇼츠 콘텐츠 기획은 성공적인 채널 운영을 위한 필수 요소다.

1 콘텐츠와 메시지의 소구점

소구점은 '사람들이 콘텐츠를 소비하게 하는 결정적 이유이자 욕망'이다. 광고든 쇼츠든 만드는 데 기본이 되는 소구점은 절대적으로 중요하다. 효과적으로 되기 위해서는 콘텐츠 소비자들이 원하는 소구점이 메시지에 있어야 한다.

'광고 이렇게 하면 성공한다'에서 제시하는 효과적인 소구점은 다음과 같다.

– 사람들에게 인기를 얻고 싶은 욕망

– 사람들에게 매력적으로 보이려는 욕망

– 매력적인 상품을 갖고 싶은 욕망

– 저렴한 가격에 대한 욕망

– 이웃에 뽐내고 싶은 욕망

– 돈의 소구점(돈을 벌게 해 준다는)

이와 같은 소구점은 '매슬로우 욕구 5단계'를 참고하면 좋다.

2 매슬로우 욕구 5단계

매슬로우가 5단계로 나눈 욕구는 다음과 같다.

1단계 : 생리적 욕구(Physiological)

생존 욕구로서 가장 기본인 의복, 음식, 주거를 충족하고자 하는 욕구

2단계 : 안전의 욕구(Safety)

위험, 위협 등에서 자신을 보호하고 불안을 회피하려는 욕구

3단계 : 애정ㆍ소속 욕구(Love/Belonging)

가족, 친구, 친척 등과 친교를 맺고 원하는 집단에 귀속되고 싶어 하는 사회적 욕구

4단계: 존중의 욕구(Esteem)

자아존중, 자신감, 성취, 존중, 존경 등에 관한 욕구

5단계: 자아실현 욕구(Self-actualization)

자기를 계속 발전하게 하고자 잠재력을 최대한 발휘하려는 성장 욕구

그러나 매슬로우는 죽기 전에 자아실현 욕구가 인간의 가장 원초적인 욕구라는 것을 인정하며 피라미드가 뒤집어져야 옳았다고 말했다. 자아실현 욕구가 인간의 가장 원초적인 욕구라는 것을 인정한 것이다. 경제가 풍족해지고 창의성이 요구되는 현재에서는 뒤집힌 피라미드가 설득력이 있다.

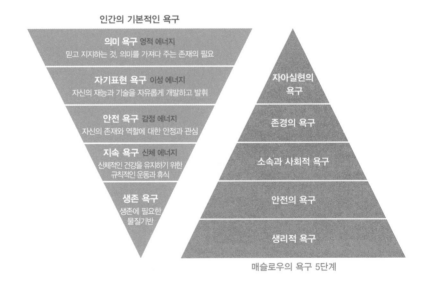

매슬로우의 욕구 5단계

3 클레이튼 앨더퍼의 ERG 이론

클레이튼 앨더퍼는 미국의 심리학자로, ERG 이론이라는 동기 이론을 제시했다. 이는 매슬로우 욕구 5단계 이론을 축약한 것으로 인간의 욕구를 생존(Existence), 관계(Relatedness), 성장(Growth)의 세 가지 범주로 분류했다.

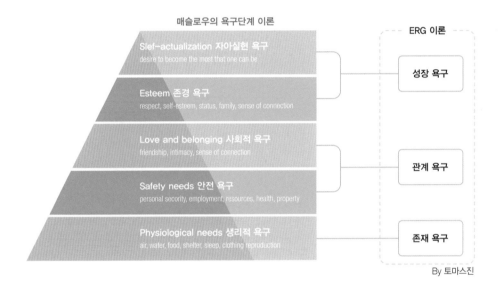

By 토마스진

■ 쇼츠 제작에 있어서 ERG 이론의 활용

1. **생존 욕구 충족**: 간단한 요리 레시피, 5분 운동 루틴, 일상 생활 꿀팁 등

- 기본적인 욕구 충족: 유용한 정보 제공, 문제 해결 팁, 생활 꿀팁 등 생활에 도움이 되는 콘텐츠

- 편안함과 즐거움 제공: 재미있는 영상, 웃음, 긴장 해소 등 마음을 편안하게 해 주는 콘텐츠

- 흥미로운 시청 경험 제공: 고품질 영상, 뛰어난 편집, 매력적인 그래픽 등 시각적 만족도를 높이는 콘텐츠

2. **관계 욕구 충족**: 취미 동호회 소개, 여행 동행 모집, 댓글에 대한 적극적인 답변 등

- 공감과 소속감 형성: 유사한 관심사를 가진 시청자들과 소통하고 공감할 수 있는 콘텐츠

- 커뮤니티 형성: 댓글, 질문, 퀴즈 등을 통해 시청자들과 적극적으로 소통하고 참여 유도

- 긍정적이고 따뜻한 분위기 조성: 긍정적인 메시지, 친절한 태도, 따뜻한 분위기 등 좋은 인상을 남기는 콘텐츠

3. **성장 욕구 충족**: 외국어 학습 팁, 프로그래밍 입문, 새로운 기술 소개 등

- 새로운 지식과 정보 제공: 새로운 정보, 트렌드, 전문 지식 등 지식을 향상시키는 콘텐츠

- 창의성과 영감 유발: 창의적인 아이디어, 새로운 시도, 혁신적인 사고방식 등 영감을 주는 콘텐츠

- 도전과 성장 기회 제공: 챌린지, 과제, 스터디 등 시청자들이 스스로 성장할 수 있도록 돕는 콘텐츠

이러한 인간의 기본적인 욕구를 활용하면 다양한 콘텐츠와 함께 효과적인 메시지를 작성할 수 있다.

06 카테고리 선택하기

쇼츠에 있어서 카테고리란 아이디어로 생각할 수 있다. 전체적인 콘셉트에 맞춘 통일된 영상은 구독자와 조회수를 늘리는 데 큰 힘이 된다. 쇼츠를 위한 대표적인 카테고리로는 이슈, 연애, 음식, 동물, 브이로그, 여행지 소개, 제품 리뷰, 광고, 블랙박스 등이 있다.

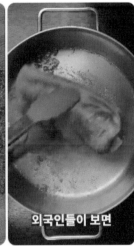
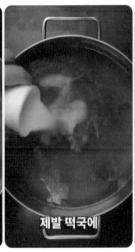

한국인 특징: 제작자의 의도와 다르게 사용함
조회수 2075만회

한국에서 10년 산 외국인도 보고 기겁한 한국음식 1위
조회수 2008만회

절대로 평범하지 않은 최고급 떡국 비밀 레시피
조회수 1747만회

한국인들이 좋아하는 거 다 때려 넣었을 뿐인데... 전 세계...
조회수 1655만회

▲ 구독자 268만 명의 '1분요리 뚝딱이형' 쇼츠

예를 든 〈1분요리 뚝딱이형〉 채널의 경우 쇼츠를 가장 잘 활용한 채널이라고 볼 수 있다.

앞서 인용한 매슬로우 5단계 욕구에 대입한다면 다음과 같을 것이다.

1단계: 생리적 욕구(Physiological) – 음식의 먹음직스러운 썸네일

3단계: 애정·소속 욕구(Love/Belonging) – 잼민이와의 대화를 통한 사회적 욕구

4단계: 존중의 욕구(Esteem) – 1분 내에 요리를 만들 수 있는 자신감과 성취 욕구

5단계: 자아실현 욕구(Self-actualization) – 잠재력을 최대한 발휘하려는 성장 욕구

올해 가장 센스있는 배달원
조회수 1238만회

굉장히 어설픈 자세로 밥을 먹는 여성 #Shorts
조회수 1027만회

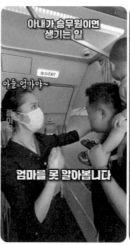
아내가 승무원이면 생기는 일
조회수 949만회

개념없는 배달원 참교육시킨 여성 고객 #Shorts
조회수 936만회

구독자 19.3만 명의 〈쭝이모 쇼츠〉는 중국을 알리는 '이슈'와 간접적인 여행의 '여행지 소개', 중국이라는 제품을 소개하는 '제품 리뷰' 등의 카테고리로 분류될 수 있다.

고양이 머신건
조회수 9393만회

순수재미 동물들
조회수 7313만회

상상도 못한 동물들
조회수 6912만회

우울할 때 보는 동물들
조회수 6727만회

구독자 160만 명의 〈힐링해요 동물의 짤〉 채널은 앞서 말한 3B(Baby, Beauty, Beast)를 잘 활용한 채널이라고 볼 수 있다.

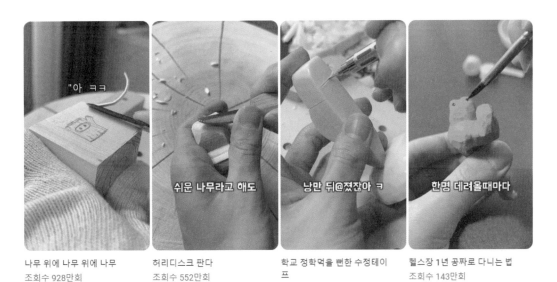

나무 위에 나무 위에 나무
조회수 928만회

허리디스크 판다
조회수 552만회

학교 정학먹을 뻔한 수정테이프
조회수 468만회

헬스장 1년 공짜로 다니는 법
조회수 143만회

동영상 21개로 구독자 6.47만 명을 모은 〈서로 Sang〉 채널은 '조각'이라는 개념을 통해 일관된 영상들을 업로드하고 있다.

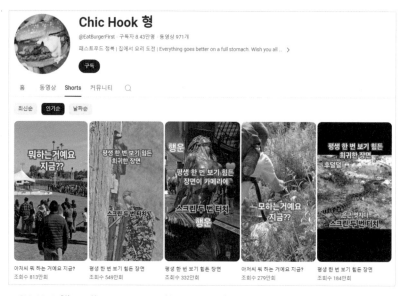

▲ Chic Hook 형(https://www.youtube.com/@EatBurgerFirst)

구독자 8.43만 명의 〈Chic Hook형〉 채널의 경우 '패스트푸드 정복, 집에서 요리 도전'으로 내세우고 있고 메인 동영상들은 그 콘셉트에 충실하게 따르지만, 채널의 개념과는 다른 쇼츠를 함께 업로드하는 투트랙 방식으로 운영하고 있다. 이는 채널 유입을 위한 쇼츠의 활용으로 볼 수도 있다.

이처럼 일관된 주제들은 영상이 많아질수록 콘텐츠 파워가 높아지고 사용자들의 인식에 하나의 카테고리로 적용되어 각인되며 수많은 공유와 함께 구독자 수가 늘어나게 된다. 그렇지만 〈Chic Hook형〉 채널의 경우처럼 전략적으로 활용하는 방법도 필요하다.

07 이슈를 찾아라

유튜브 알고리즘을 우리가 정확히 알 수는 없다. 최근에는 처음 시작하는 쇼츠폼 사용자들을 위해 유튜브 이용자가 자주 보는 영상이나 오래 머물러 있는 유사한 영상이 있다면 띄워주기도 하고 상관없는 영상도 알고리즘으로 사용자들에게 추천 영상으로 나오기도 한다. 처음 쇼츠를 만들어 올리고 싶은데 특별히 무엇을 해야 할지 모르겠다면 구글 트렌드를 이용해 이슈나 밈 같은 경우를 파악하고 찾아 유사한 내용을 만들어 올리기 유용하다. 다만 이런 주제들은 매일 검색하고 확인해서 만들어야 하기에 피로도가 높을 수 있다. 또한 직장인에게는 적절한 수단은 아니다. 하지만 유튜브나 쇼츠로 자신이 속한 분야나 지속해서 올릴 수 있는 아이디어가 있다면 구글 트렌드에서 주제를 찾아보고 비교 분석하여 빠른 쇼츠를 만들어 올릴 수 있다. 앞서 처음 쇼츠를 만드는 사용자들에게 구글은 추천 영상으로 띄워주기도 하기 때문에 기존 쇼츠 크리에이터보다 빠르게 구독자를 모으거나 조회수를 늘릴 수 있다.

하지만 이슈와 밈 같은 시기물은 매번 검색하고 찾아야 하기에 사실상 좋은 방식의 주제들은 아니다. 이런 시기물은 자신이 가지고 있는 목록 외에 부족한 내용을 메꿀 때 사용하는 것도 좋은 방법이다. 특히 이런 방식의 내용을 자주 만들다 보면 남보다 빠르게 쇼츠를 제작할 수도 있고 언제나 이슈에 앞서갈 수도 있다.

1 구글 트렌드(Google Trends)

구글 트렌드는 처음 쇼츠를 만들고자 하는 크리에이터나 부족한 콘텐츠를 메꿀 때 사용하기 적절하다고 했다. 그렇다면 구글 트렌드를 어떻게 이용하는 것이 효과적이며 분석은 어떻게 하는지 알아보자. 먼저, 사회적인 이슈를 빠르게 찾는 방법은 주변 환경과 뉴스 및 언론 매체를 확인하는 것이다. 또한 소셜미디어 플랫폼에서 트렌드를 확인하고 해시태그나 주제별로 키워드를 검색하여 이슈를 빨리 파악할 수 있다.

'Google Trends(구글 트렌드)'는 구글이 제공하는 온라인 도구로, 사용자들에게 특정 검색어 또는 주제의 인기와 관련된 데이터를 제공한다. 구글 트렌드를 활용하면 다양한 영역에서 특정 단어나 주제에 대한 검색 트렌드를 실시간으로 분석할 수 있다. 키워드에서 나타난 단어를 탐색 버튼을 누르면 시간 흐름에 따른 관심도 변화와 지역별 관련 주제 등 급상승된 이유를 확인할 수 있다. 기간과 지역, 관심 키워드 등 다양

한 주제들을 확인해 볼 수 있기 때문에 그에 맞는 것을 검색하여 필요한 쇼츠를 만들 수 있다.

구글 트렌드에 접속했을 때 처음 나오는 단어가 있다면 검색 아이콘 을 눌러 확인해 보자.

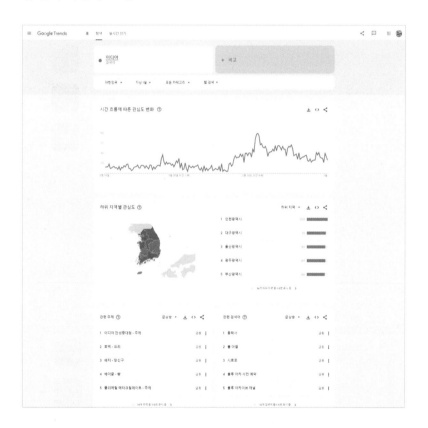

실시간 인기 탭으로는 일별 인기나 실시간 인기 급상승 검색어를 확 인할 수 있다.

국가나 지역에 따라 실시간 인기 급상승 검색어는 사용할 수 없는 경우도 있다. 국가별 검색어가 나오는 나라도 있고 없는 경우도 있다.

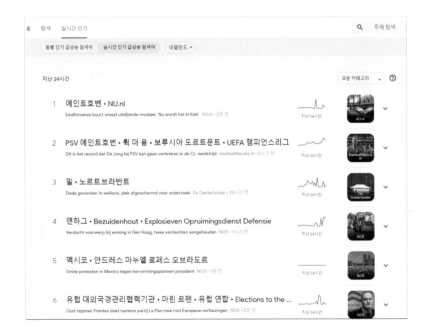

간단한 예로 검색창에 가서 'ChatGPT'에 관해 입력한다. 지역은 대한 민국이고 기간은 지난 12개월을 모든 카테고리에서 웹 검색을 기준으로 검색하면 2023년 6월부터 ChatGPT에 대한 단어가 관심을 두기 시작한 지점을 알 수 있다.

화면 하단으로 스크롤 하면 ChatGPT에 대한 어떤 주제가 검색이 많이 되었는지 확인할 수 있다. 화면에서 채팅이 1번으로 나왔다면 ChatGPT로 채팅하는 관련된 기사를 찾아보거나 내용을 찾아보면 된다.

관련 주제 ⑦	급상승 ▾ ⬇ <> ◁	관련 검색어 ⑦	급상승 ▾ ⬇ <> ◁
1 채팅 - 주제	급등 ⋮	1 gpt	급등 ⋮
2 GPT-4 - 앱	급등 ⋮	2 gpt chat	급등 ⋮
3 GPT-3 - 주제	급등 ⋮	3 chatgpt	급등 ⋮
4 오픈AI - 기업	급등 ⋮	4 챗 gpt	급등 ⋮
5 챗봇 - 주제	급등 ⋮	5 ai	급등 ⋮
‹ 6개 주제 중 1-5번 표시 중 ›		‹ 24개 검색어 중 1-5번 표시 중 ›	

구글 트렌드의 주요 특징과 활용 방법

❶ **검색 트렌드 분석**: 어떤 검색어가 특정 기간에 얼마나 많이 검색되었는지 시각적으로 확인할 수 있다.

❷ **지역 및 관련 검색어 정보**: 지역에 따라 검색 트렌드를 비교하거나 특정 검색어와 연관된 다른 검색어들을 확인할 수 있다.

❸ **카테고리 및 산업별 비교**: 특정 카테고리나 산업에서의 검색 트렌드를 비교하고 분석할 수 있다.

❹ **시간대 분석**: 언제 어떤 검색어가 가장 많이 검색되었는지를 파악하여 특정 시간에 특정 주제가 더 관심을 받는지 확인할 수 있다.

❺ **인기 있는 주제 및 이슈 파악**: 실시간으로 변하는 검색 트렌드를 통해 인기 있는 주제나 현재의 이슈를 파악할 수 있다.

구글 트렌드는 마케팅, 뉴스 트렌드, 소셜미디어 전략 등 다양한 분야에서 활용되며, 검색 행동에 대한 인사이트를 제공하여 효과적인 의사결정을 지원한다. 구글 트렌드는 이용하는 사람에 따라 분석할 수 있는 최고의 도구가 될 수도 있고, 큰 의미가 없을 수도 있다. 하지만 최근 이슈와 트렌드를 따라잡기 위한 쇼츠 크리에이터라면 반드시 사용할 좋은 도구다.

2 플레이보드(PLAYBOARD)

구글 트렌드가 다양한 분야를 볼 수 있다면 플레이보드는 전 세계 유튜브 채널을 검색하고 분석할 수 있다. 쇼츠를 처음 시작할 때 자신이 꼭 하고 싶은 분야가 있다고 해도 유사한 채널은 많이 있다. 그렇다면 그 유튜버의 콘텐츠나 방식 등을 보고 어떻게 구독자가 꾸준히 늘어나고 있는지 분석하고 확인해 보는 것이 좋다. 벤치마킹할 유튜브 채널을 저장해서 필요할 때 쉽게 찾아볼 수 있다.

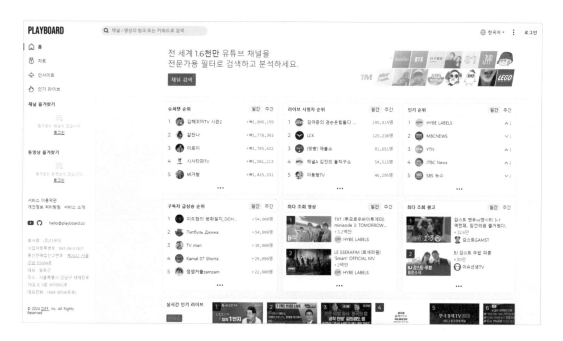

❸ 크롬 브라우저 유튜브 즐겨찾기 그룹 만들기

크롬 브라우저를 사용한다면 확장 프로그램을 사용하여 유튜브에 그룹 카테고리를 만들 수 있다. PocketTube: Youtube Subscription Manager를 설치하고 구독할 그룹을 나누어 일일이 검색하지 않고 편리하게 사용할 수 있다. 아쉽게도 모바일 유튜브 앱에서는 사용할 수 없고 PC에서만 사용이 가능하다. 구글에서 PocketTube로 검색 후 첫 번째 링크를 클릭하면 구글 웹 스토어 확장 프로그램으로 Chrome에 추가 버튼을 눌러 추가하면 된다.

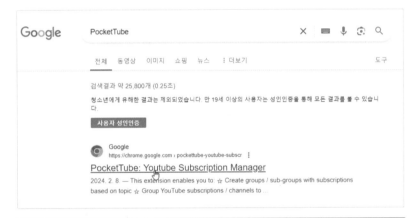

먼저 그룹을 생성하려면 확장 프로그램을 설치 후에 크롬 브라우저의 유튜브 메뉴를 선택하여 구독 그룹이 보이면 글자를 클릭한다. 그룹을 새로 만들 수 있는 화면이 나온다. 여기서 그룹 이름을 넣고 아이콘이나 색상 등을 설정할 수 있다.

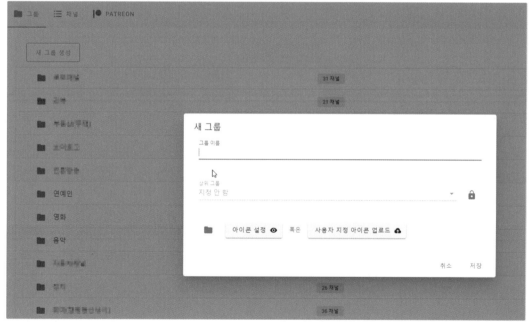

그룹을 생성했다면 원하는 채널에 가서 구독 오른쪽 그룹 추가 아이콘을 눌러 만들어 놓은 그룹을 클릭하면 그룹 안에 채널이 등록된다.

크롬 브라우저의 확장 프로그램은 간혹 오류가 생길 수 있다. 여러 확장 프로그램을 사용할 시 충돌이 나거나 시스템에 따라 오류가 나는 경우도 있으니 필요한 확장 프로그램만 사용하는 게 좋다.

링크가 연결이 안 되거나 구독 그룹이 보이지 않을 때는 크롬 브라우저를 닫고, 재실행하면 된다. 크롬에서 사용되는 확장 프로그램은 간혹 오류가 날 수도 있는데 재실행해도 안 될 경우는 시스템을 재부팅해주어야 한다.

08 재생산된 영상은 빠르게 선점할 수 있다

재생산된 영상은 쇼츠에서 빠르게 확산할 수 있고 만들어진 쇼츠 영상을 다시 새롭게 만들거나 업그레이드 형식으로 만들어서 올릴 수 있다. 여기서 우리가 알아야 할 건 이미 만들어진 영상을 그대로 가져다 쓴다는 것이 아니다. 해외나 유명인, 뉴스, 기타 정보 등 이미 만들어진 쇼츠를 가지고 번역만 하거나 목소리만 덧대고 화면만 새롭게 고치는 것이 재생산된 영상을 말하는 것은 아니다.

저작물에는 2차 저작권이라는 것이 있다. 책의 경우를 예로 들자면 종이로 생산된 책이 1차 저작물이라고 했을 때 2차 저작물은 전자책이나 기타 책의 내용을 전제로 만들어진 강의용 자료 등이라고 볼 수 있다. 이때 2차 저작물은 글쓴이의 허락 조건에 따라 만들어지게 된다. 무분별하게 재생산되고 있는 쇼츠들이 과연 저작자에게 허락을 받고 만들었는지는 알 수 없다. 이는 본문에서 말하고자 하는 재생산된 영상과는 의미가 다르다.

그렇다면 재생산된 영상에는 어떤 것들이 있을지 한번 알아보자.

쇼츠가 생기고 인기를 얻어 유튜브에서 플랫폼으로 자리 잡기 전까지 애초 틱톡(2016)이라는 플랫폼이 짧은 동영상을 공유하는 플랫폼으로 15초에서 1분까지의 비디오를 만들어 공유하였고, 여기에 기반한 영상이 노래나 트렌드에 맞춰 추는 춤 같은 걸 따라 해서 찍어 올리게 되면서 자리 잡았다. 이에 따라 생겨난 쇼츠는 노래나 트렌드를 넘어 창작자의 다양한 동영상을 올릴 수 있게 되었다.

재생산된 쇼츠가 빠르게 인기를 얻을 수 있는 이유는 트렌드에 따라가기 때문이다.

유튜브 쇼츠(YouTube Shorts) 플랫폼에서 영상을 만들 때는 몇 가지 중요한 지침을 따르는 것이 좋다. 다음은 유튜브 쇼츠에서 재생산된 영상을 만들 때 고려할 수 있는 몇 가지 아이디어다.

■ 커버 노래 또는 댄스

인기 있는 음악에 맞춰 노래를 불러보거나 유명한 댄스를 따라 춤추는 동영상을 만들 수 있다. 이런 커버 영상은 누구나 만들 수 있어 쇼츠에 접근하기가 쉽다. 특히 유명 연예인이나 가수 등이 직접 부르지 않은 AI 목소리 커버 등이 나와 딥페이크 영상과 함께 주목받고 있다.

■ **챌린지 참여**

트렌드에 맞춰진 도전적인 동영상을 만들어 참여하거나, 새로운 챌린지를 제안할 수 있다. 유명한 아이스버킷챌린지는 찬 얼음물이 닿을 때처럼 근육이 수축되는 루게릭병의 고통을 잠시나마 함께 느껴보자는 취지에서 생겨난 챌린지로 국내에 유명 연예인들 사이에서도 기부와 함께 해마다 홍보를 하며 챌린지를 이어가고 있다.

■ 패러디와 유머

인기 있는 영화, 드라마, 노래 등을 패러디하여 유머 감각을 담은 동영상을 만들어 시청자들과 공유할 수 있다. 영화 패러디 같은 경우는 일반인이 만들기는 어렵지만 자신만의 아이디어로 간단하고 새로운 영상으로 만들어 올릴 수 있다. 해외의 재미있는 영상을 가져와 올리는 쇼츠도 제법 많다.

앞서 이야기했지만 이런 영상이나 자료는 저작권에 대해 충분히 숙지를 한 후 저작자에게 허락을 받아 사용해야 하고 무리하게 재생산된 영상이 생성되지 않도록 각별히 노력해야 한다.

■ 자체 캐릭터 또는 시리즈 생성

독특한 캐릭터를 만들고 그 캐릭터를 중심으로 하는 짧은 에피소드를
제작할 수 있다. 또는 영화, 애니 등의 캐릭터를 의인화하여 표현하는
형식으로 특성을 부여하는 쇼츠 등도 많이 볼 수 있다.

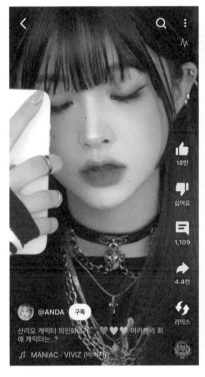

■ **전문적인 기술**

직업이나 기술, 특별한 능력 등을 담은 짧은 동영상으로 소개할 수 있다. 전문적 기술은 자신의 기술이나 하는 일을 촬영할 수도 있고 장인, 기술가, 요리사 등을 찾아가 촬영한 영상도 많다.

이런 영상들은 주로 롱폼 영상으로 제작한 후 관심 있는 장면이나 특별한 구간을 잘라 쇼츠로 만든 후 자신의 유튜브 채널로 유입하게 하는 광고 형식의 쇼츠로도 많이 사용된다.

■ **제품 리뷰 및 언박싱**

새롭게 나온 제품, 인기 있는 제품을 리뷰하거나 언박싱하는 동영상을 만들어 시청자들에게 정보를 제공할 수 있다. 롱폼 영상보다 빠르게 요점만 보여준다는 점이 조회수에서 나쁘지 않고 제품에 따라 조회수가 제법 높다.

쇼츠 중에는 직접 촬영한 영상을 업로드하는 경우가 많지만, 외국의 영상이나 다른 플랫폼에서 가져온 영상들을 편집하여 올리는 경우도 많다. 현재(2024년 2월)까지는 제재가 없지만 수익 제한이 되어도 편법으로 수익을 내는 방법이 있어 문제가 되고 있다.

해외 영상 퍼와서 쇼츠 만들어도 될까? | 취재대행소 왱

▲ 해외 영상 퍼와서 쇼츠 만들어도 될까? | 취재대행소 왱(https://youtu.be/35mfKSty9tw)

　다만, 유튜브 측에서는 저작권 위반의 판단을 직접 할 수 없다고 하며 원작자를 판별하기 어렵고 당사자가 직접 신고해 원작자임을 소명하지 않으면 제재할 수 없다는 입장이라고 한다. 그러나 해외 영상을 그대로 가져와 편집해서 업로드한다면 추후 문제가 될 소지가 있기에 가능하다면 직접 만든 영상을 업로드하는 게 좋다.

　또한 기존의 영상을 재생산할 때도 창의적이고 독창적인 방식으로 접근하여 자신만의 독특한 주제의 영상을 만들어야 한다. 또한, 유튜브의 정책을 준수하고, 타인의 지적재산권을 존중하는 것이 중요하다.

09 쇼츠 영상을 위한 팁

 유튜브 쇼츠는 짧고 매력적인 영상으로 빠르게 성장하며, 기업과 개인 모두에게 새로운 콘텐츠 전략 기회를 열어주고 있다. 짧은 길이로도 강력한 메시지를 전달하고, 시청자 참여를 유도하며, 브랜드 인지도를 높일 수 있는 효과적인 도구로 다양한 형식을 통해 조회수를 높이거나 브랜드 홍보에 활용할 수 있다.

유튜브 쇼츠 영상의 활용 사례

❶ **브랜드 홍보:** 브랜드 이미지를 구축하고, 인지도를 높이는 데 효과적이다.

❷ **제품 소개:** 제품의 특징과 이점을 효과적으로 전달할 수 있다.

❸ **고객 소통:** 고객과의 소통을 강화하고, 브랜드 충성도를 높일 수 있다.

❹ **트래픽 유도:** 다른 웹사이트 또는 소셜미디어 채널로 트래픽을 유도할 수 있다.

1 조회수 올리는 루프형 영상

 시작과 끝을 명확하게 구분해 주지 않고 모호하게 끝냄으로써 시청자가 같은 영상을 계속 시청하도록 만든 형식이다.

 이런 방식은 여러 번 반복되게 시청을 유도하기 때문에 조회수가 높은 쇼츠를 제작할 때 많이 활용된다.

아기 상어가 볼보 광고에 등장
한 이유 #shorts
조회수 141만회

② 롱폼의 티저로 활용

많은 유튜브 채널이 쇼츠를 롱폼의 티저로 활용하고 있는데 알고리즘에 의해 우연히 발견될 확률이 높은 쇼츠를 롱폼을 위한 티저로 활용하게 되면 궁금증을 자아내어 롱폼 비디오로의 유입을 높일 수 있다.

실제로 많은 Z세대가 쇼츠 영상을 먼저 본 후, 해당 콘텐츠의 긴 버전을 시청한다고 답했다.

고든 램지 덤벼!
조회수 562만회

③ 애니메이션 콘텐츠

유튜버 〈빵과쏭〉의 경우 기존 채널의 서브로 만들어진 소소한 일상의 브이로그 채널인데 3D 애니메이션으로 만들어 인기를 끌고 있다.

4 AI 활용 콘텐츠

대표적인 AI인 ChatGPT에 정보를 물어보거나 특정 브랜드 상품을 활용한 레시피를 물어보는 등 다양하게 활용되고 있으며 ChatGPT가 아니라도 영상에 성우를 쓰기 어려운 경우나 목소리에 자신이 없는 경우에 AI TTS(Text to Speech)를 활용하여 영상을 제작하고 있다. 대표적인 경우로 〈뚝딱이형〉 채널이 있다.

한국인 특징: 제작자의 의도와
다르게 사용함
조회수 2075만회

5 텍스트만으로 구성된 쇼츠 영상

명언, 시, 정보 등을 전달하는 데 적합하며 시각적 요소와 결합하여 효과적으로 활용할 수 있다. PPT 프로그램이나 포토샵을 활용하여 만들 수 있지만 Canva나 미리캔버스, 망고보드 등 웹상에서 프레젠테이션이나 디자인 자료, 슬라이드쇼를 만드는 도구를 사용할 수도 있다. 다양한 템플릿을 포함하고 있으며 동영상 파일로 변환할 수 있어 편리하다.

▲ https://www.youtube.com/shorts/8FDl6FAkh9Y

10 쇼츠 영상을 위한 스토리텔링

광고나 영상 혹은 이미지에서도 중요한 키워드가 있다. 바로 스토리텔링이다.

위키백과에 따르면 스토리텔링이란 '스토리+텔링(telling)'의 합성어로서 말 그대로 '이야기하다'라는 의미를 지닌다. 즉 상대방에게 알리고자 하는 바를 재미있고 생생한 이야기로 설득력 있게 전달하는 행위다.

스토리는 상대방에게 어떤 생각을 일방적으로 강요하지 않으면서 상대방을 자신이 원하는 방향으로 이끄는 힘을 가지고 있기 때문이다. 짧지만 스토리가 있는 쇼츠는 그렇지 못한 쇼츠보다 기억되기 쉬우며 영상을 끝까지 볼 수 있게 만든다.

또한 스토리가 있는 쇼츠는 반복해서 보더라도 거부감이 적으며 다른 SNS나 커뮤니티를 통해 공유되며 더 많은 조회수와 구독자를 확보하게 해준다.

▲ 말의 힘(The Power of Words)(http://youtu.be/Hzgzim5m7oU)

"나는 장님입니다. 도와주세요."

"아름다운 날입니다. 그런데 나는 그것을 볼 수가 없습니다."

프랑스 시인 자크 프레베르(Jacques Prévert)의 일화를 토대로 만든 이 영상은 공감을 얻어내는 스토리텔링이 얼마나 중요한지 잘 보여주고 있다.

저희 동네에는 붕어빵을 파는 아저씨가 계십니다.
눈이 오고 바람이 불어도 그 자리에서 꿋꿋이 장사를 하시죠.
하지만, 장사가 잘 되는 것 같지는 않더군요.

하루는 '붕어빵 먹고 싶다' 는 지인이 있어서 처음 그곳으로
붕어빵을 사러 갔습니다.

그런데 가격이 좀 이상하더군요.
'붕어빵 3개에 1,000원, 1개에 300원'

3개 1,000원이면 개당 333원인데, 한 개 사면 300원이라니…
의아한 계산법이라는 생각이 들더군요.
궁금증을 이기지 못한 저는 결국 아저씨에게 여쭤보았습니다.

"아저씨, 가격이 이상한데요.
많이 사는 사람에게 싸게 해줘야 하는 거 아닌가요?"

그러자 아저씨는 저를 물끄러미 바라보더니 말씀하시더군요.

"붕어빵 하나씩 사먹는 사람이 더 가난합니다."

붕어빵 사먹을 돈 천 원이 없어
한 개밖에 주문할 수 없는 사람을 위해
한 개의 가격을 낮게 잡은 것이죠.

우리가 주변사람들에게 더욱 신경을 쓰고, 배려하고, 생각해 준
다면, 세상은 따뜻해집니다.

아저씨가 파는 붕어빵만큼 세상이 훈훈해지길 바랍니다.

2013년, 인터넷 커뮤니티에 올라왔던 글이다. 이러한 스토리가 있는
글은 널리 퍼지게 되며 공감과 함께 감동을 주게 된다. 그리고 이러한 스
토리를 찾아 쇼츠를 만드는 방법도 하나의 팁이 될 수 있다.

▲ https://buly.kr/Cshq413
https://youtu.be/jHaKCG3lH04

  사람들로 가득한 광장에서 한 남자가 마술을 공연하고 있다. 사람들이 그의 모자에 돈을 넣을 때 마술사는 모자를 푹 눌러 쓰고 있는 한 소녀를 발견한다. 가만히 소녀를 응시하던 마술사는 소녀의 손을 잡아 이끌고 사람들이 지켜보는 가운데 소녀가 쓰고 있던 모자를 벗긴다.

  드러나는 소녀의 삭발한 머리와 모자를 벗겼을 때 엄마의 안타까운 눈빛. 마술사는 소녀의 엄마를 향해 미소를 지으며 사람들이 돈을 넣어주던 자신의 모자를 천천히 소녀의 머리 위에 씌운다.

그리고 마술사가 소녀 머리 위에 있던 모자를 벗기자, 마법이 벌어진다. 소녀의 머리에 아름다운 머리카락이 자라난 것이다. 사람들의 박수 소리와 함께 엄마는 기쁨과 놀라움의 눈물을 흘린다. 마지막 장면의 기뻐하는 아이의 모습과 함께 영상을 보는 사람들은 무한한 감동을 한다. 2분 남짓의 짧은 영상이지만 한 편의 영화와 같은 스토리를 담고 있다.

2007년 칸느광고제에서 황금사자(Golden Lion)상을 수상한 페루 암재단(Peruvian Cancer Foundation)의 광고, 나눔의 마법(The Magic of Giving) 편은 기발한 스토리를 통해 스토리텔링의 중요함을 알려주고 있다.

■ 스토리텔링의 중요성: 인간을 사로잡는 매력적인 콘텐츠 제작의 핵심

스토리텔링은 단순히 이야기를 전달하는 것을 넘어, 감정을 불러일으키고, 공감대를 형성하며, 메시지를 효과적으로 전달하는 강력한 도구다.

인간은 본래적으로 이야기에 빠져들고, 등장인물과 공감하며, 감정을 느낄 수 있는 존재로, 스토리텔링은 이야기 속 감정을 통해 시청자들과의 감정적 연결을 형성한다. 공감, 기쁨, 슬픔, 분노 등 다양한 감정을 불러일으키는 스토리는 시청자들에게 잊지 못할 경험을 선사하고 깊은 인상을 남긴다. 논리적인 설명만으로는 전달하기 어려운 메시지도 스토리텔링을 통해 감성적으로 전달할 수 있다.

또한 인간은 추상적인 정보보다는 구체적인 이야기를 기억하는 경향이 있어 스토리텔링은 이야기에 감정, 갈등, 해결 등의 요소를 포함하여 시청자들의 기억에 남도록 한다. 시각적 요소, 음악, 효과음 등을 활용하면 더욱 생생하고 기억에 남는 경험을 제공한다.

11 일반 상식도 좋은 재료다

쇼츠에서는 차별화된 영상 제작이 중요하다. 그중에서도 일반 상식을 활용한 쇼츠 영상 제작은 시청자의 참여를 유도하고, 브랜드를 차별화하는 효과적인 전략이 될 수 있다.

■ **일반 상식 활용의 이점**

- **시청자 참여 유도**: 일반 상식은 누구나 쉽게 이해하고 공감할 수 있는 주제로 일반 상식을 활용한 쇼츠 영상은 시청자의 참여를 유도하고, 댓글, 좋아요, 공유 등의 활동을 촉진할 수 있다.

- **정보 제공 및 지식 공유**: 일반 상식은 다양한 분야의 지식을 제공하고 공유하는 데 활용될 수 있다. 시청자는 쇼츠 영상을 통해 새로운 지식을 배우고, 흥미로운 정보를 얻을 수 있다.

- **브랜드 전문성 강화**: 일반 상식에 대한 지식을 바탕으로 쇼츠 영상을 제작하면 브랜드의 전문성을 강화하고, 신뢰도를 높일 수 있다.

- **차별화된 영상 제작**: 일반 상식을 창의적인 방식으로 활용하여 차별화된 쇼츠 영상을 제작할 수 있다.

일상에 필요한 팁을 위주로 영상을 제작하는 〈1분미만〉 채널의 경우, 쇼츠 외에도 모든 영상을 1분 내로 제작하고 있으며 자동차, 스마트, 일상 꿀팁, 교통 등의 하위 카테고리로 나눠 분류하고 있다.

또한 이러한 1분 미만의 영상을 더 압축한 쇼츠를 통해 채널 유입과 조회수를 올리고 있다.

구독자 37.4만 명의 〈봄집사〉 채널의 경우, 일상에서의 불편을 해소할 수 있는 간단한 팁으로 구독자를 늘리고 있으며 유튜브 수익 외에 영상에 나오는 제품과 연결되는 쇼핑몰로 유도해 수익을 올리는 구조로 되어 있다. 쇼츠를 하나의 광고로 활용하는 방식이다.

12 밈은 시기물이다

인기　　계정　　동영상　　라이브

2-1
언제나 사랑스러운 🤍🐻 #IVE #아이브 #アィヴ...
ive.official ▷ 3.6M

2-14
초콜릿보다 달콤한 따(🐺)아(🐺)랑스러워 챌린지 🤍...
jypestraykids ▷ 12.3M

1-5
#사랑스러워 챌린지 더 쉽게 알려줘?🐺 외워라 거울모드...
fastdance.o... ▷ 2M

2023-11-14
㊗️사랑스러워㊗️ #STAYC #스테이씨 #Sumin #수민...
stayc_official ▷ 2.4M

2023-10-23
🖤내 하트를 받아앗🖤 #댄스챌린지 #추천...
yunamong_ ▷ 147.2K

2023-11-1
사랑스러워?! #사랑스러워 #trendingtiktok...
ssohirin ▷ 2.9M

밈(meme)은 1976년 리처드 도킨스의 《이기적 유전자》에서 처음 등장한 용어다. 밈은 유전자를 뜻하는 단어 'gene'에서 힌트를 얻어 만든 것으로, 문화의 복제와 전달을 설명하기 위한 새로운 개념을 뜻하며 인터넷 밈(Internet meme)은 인터넷 커뮤니티나 SNS 등지에서 퍼져나가는 여러 문화의 유행과 파생·모방의 경향, 또는 그러한 창작물이나 작품의 요소를 총칭하는 용어이다.

　이러한 인터넷 밈은 '공중부양춤'으로 불리는 '슬릭백 챌린지'나 해외에서 시작된 '사랑스러워 챌린지' 등을 보면 알 수 있듯이 틱톡은 다양한 챌린지를 통해 수많은 밈을 만들고 있다. 이러한 틱톡의 밈은 그 수명은 짧지만 아주 강력한 힘을 가지고 있다.

Shorts   ⋮

킥드베 막차 탑승🖤 #킥드럼
베이스 #kickdrum #chellen...
조회수 559만회

중국아기 따라하는 장하오
조회수 100만회

2023년 내가 생각하는 최고의
챌린지는?
조회수 9.3만회

하이디라오 나루토춤 가장 잘
추는 나라는?
조회수 476만회

Let's go Gucci Boys & G
🖤👋 #guccichallenge
조회수 533만회

그리고 이러한 밈을 소개하는 영상 또한 수없이 만들어지고 있다. 그러나 인터넷 밈이 가진 짧은 유행의 특성상 가장 중요한 것은 '시기'라고 할 수 있다. 유행이 지난 영상은 주목하게 하는 힘이 약해지기 마련이기 때문이다. 따라서 밈을 활용하는 쇼츠는 늘 트렌드에 민감하게 반응해야 한다.

Big Cafe
Lunatic Souls • Shorts 동영상 1.6만개

조회수 261만회   조회수 498만회   조회수 120만회   조회수 156만회   조회수 74만회

또한 쇼츠의 경우 유튜브 알고리즘은 같은 음악을 하나로 묶어 쇼츠 피드에 올려준다. 따라서 노출이 잘 되는 인기곡을 배경으로 쓴다면 쇼츠 피드나 쇼츠 추천으로 알고리즘을 타게 되는 효과를 준다. 이 역시 시기를 잘 맞춰 조회수를 올리는 방법 중에 하나다.

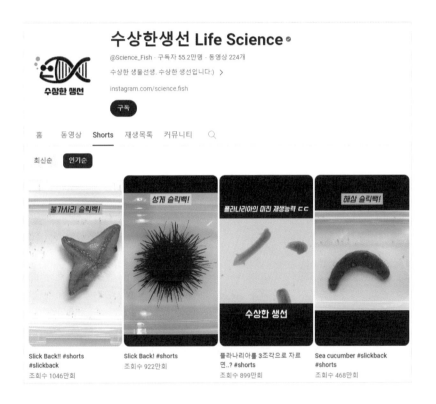

구독자 55.2만 명의 〈수상한생선〉 채널의 경우 슬릭백 밈이 유행하던 시기를 활용해 Slick Back 키워드와 #slickback 태그를 통해 조회수를 늘린 것을 볼 수 있다. 이처럼 쇼츠는 적확한 시기를 활용하는 영리한 방법이 필요하다.

유튜브 쇼츠를 위한 다양한 소스 찾기

구글 트렌드를 활용한 검색을 통해 다양한 쇼츠 영상을 찾을 수 있지만 국내가 아닌 외국의 유명한 커뮤니티 사이트에서도 다양한 영상을 찾을 수 있다. 그중 9GAG와 레딧(Reddit)을 소개한다.

1 9GAG

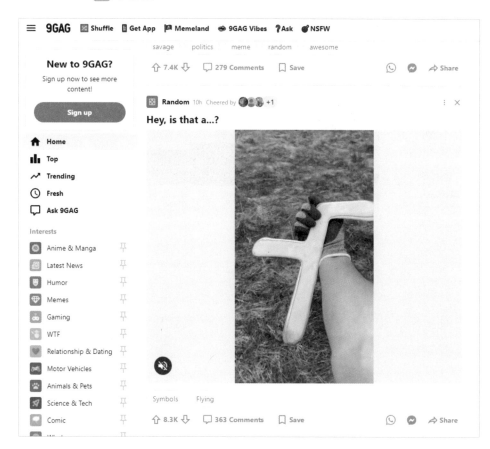

9GAG은 홍콩에 기반을 둔 이미지 중심의 소셜미디어 사이트다. 2008년에 시작되어 인터넷에서 유행하는 이미지나 미디어를 주로 다루며, 사용자들은 게시물에 댓글을 달거나 추천할 수 있다. 2011년 12월 기준으로 월 페이지뷰가 10억 건을 넘는 등 매우 인기 있는 사이트로 성장했다. 레딧과 같은 다른 비슷한 사이트와 비교되기도 한다. 9GAG은 유머, 엔터테인먼트, 다양한 주제의 영상을 제공하며, 전 세계적으로 많은 팔로워를 보유하고 있다.

- **유머와 엔터테인먼트**: 9GAG은 유머와 엔터테인먼트에 중점을 둔 영상을 제공한다.

- **커뮤니티 참여**: 사용자들은 게시물에 댓글을 달거나 추천할 수 있어, 활발한 커뮤니티 참여를 경험할 수 있다.

- **간편한 접근성**: 9GAG은 사용하기 쉬운 인터페이스를 가지고 있으며, 모바일 앱을 통해 언제 어디서나 영상을 즐길 수 있다.

- **글로벌 커뮤니티**: 전 세계적으로 많은 팔로워를 보유하고 있어, 다양한 문화와 배경을 가진 사람들과 소통할 기회를 제공한다.

- **신선한 콘텐츠**: 인터넷에서 유행하는 이미지나 미디어가 주로 올라오므로, 사용자들은 항상 새롭고 신선한 영상을 발견할 수 있다.

- 이러한 장점들은 9GAG가 인기 있는 소셜미디어 플랫폼으로 만들며, 사람들이 일상에서 재미를 찾는 공간으로 활용하고 있다.

물론 9GAG는 다른 소셜미디어 플랫폼과 비교했을 때 몇 가지 단점 역시 존재한다.

- **영상의 질**: 9GAG는 사용자가 생성한 영상에 크게 의존하기 때문에, 때때로 저품

질이나 반복적인 영상이 많을 수 있다.

- **중복성**: 인터넷에서 유행하는 이미지나 미디어가 주로 올라오므로, 다른 플랫폼에서 이미 본 영상의 중복을 경험할 수 있다.

- **부적절한 영상**: 때로는 부적절하거나 논란의 여지가 있는 콘텐츠가 게시될 수 있으며, 이는 일부 사용자에게 불쾌감을 줄 수 있다.

- **커뮤니티 참여의 한계**: 9GAG은 주로 엔터테인먼트에 중점을 두고 있어, 심도 있는 토론이나 전문적인 교류를 찾는 사용자에게는 적합하지 않을 수 있다.

- **광고와 스폰서 콘텐츠**: 사용자 경험을 방해하는 광고나 스폰서 영상이 많을 수 있으며, 이는 플랫폼의 진정성을 훼손할 수 있다.

이러한 단점들은 사용자가 9GAG을 사용할 때 고려해야 할 요소들이다. 그럼에도 9GAG는 전 세계적으로 많은 팔로워를 보유하고 있으며, 많은 사람이 일상에서 재미를 찾는 공간으로 활용하고 있다. X(구 트위터)에서도 9GAG의 많은 영상을 찾을 수 있다.

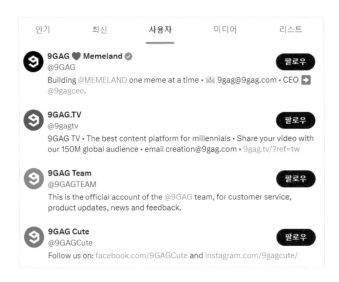

2 레딧(Reddit)

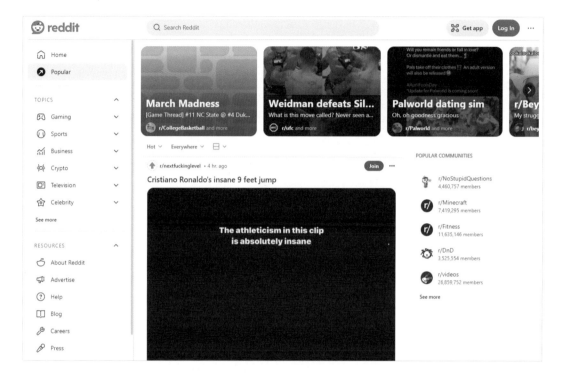

레딧은 '인터넷의 심장'이라고 불리는 소셜 네트워킹 사이트로 다양한 토픽, 커뮤니티, 그리고 흥미로운 게시물들을 볼 수 있는 곳이다.

레딧(Reddit)은 2005년에 설립되었으며, 다양한 주제의 커뮤니티와 활발한 사용자 참여로 유명하다. 미국에 기반을 둔 소셜 뉴스 집계, 콘텐츠 등급 및 토론 웹사이트로, 사용자들은 링크, 텍스트 게시물, 이미지, 동영상 등의 콘텐츠를 사이트에 제출하고, 다른 회원들의 투표를 받는다. 커뮤니티는 주제별로 '서브레딧'이라고 불리는 게시판으로 구성되어 있으며, 더 많은 '업보트'를 받은 영상은 해당 서브레딧의 상단에 표시된다. 충분한 업보트를 받은 경우, 사이트의 첫 페이지에도 표시될 수 있다.

레딧은 또한 인공지능과 블록체인 기술을 결합한 서비스를 내놓을 가능성이 있는 기업으로 주목받고 있다.

레딧은 다음과 같은 특징이 있다.

- **사용자가 만드는 영상**: 사용자들이 글, 링크, 이미지, 동영상 등을 올릴 수 있다.

- **투표 시스템**: 다른 사용자들은 올라온 콘텐츠에 투표할 수 있다. 투표 결과에 따라서 게시물의 순서가 결정된다.

- **커뮤니티 중심**: 특정 주제에 관심갖는 사람들이 모여 토론을 나눌 수 있는 '서브레딧'이라는 커뮤니티가 많다.

- 레딧은 뉴스, 취미 활동, 질문 상담 등 다양한 목적으로 활용된다.

Reddit은 관심사, 취미 및 열정에 빠져들 수 있는 커뮤니티 네트워크로 다양한 커뮤니티가 있다. 예를 든다면

- **r/sports**: 스포츠 관련 뉴스와 토론을 즐기는 커뮤니티

- **r/movies**: 영화에 관한 최신 소식과 리뷰를 공유하는 곳

- **r/nba**: NBA 관련 이야기와 하이라이트를 공유하는 커뮤니티

- **r/news**: 다양한 뉴스 주제에 대한 정보를 제공하는 곳

- **r/AskReddit**: 질문을 던지고 다양한 의견을 듣는 커뮤니티

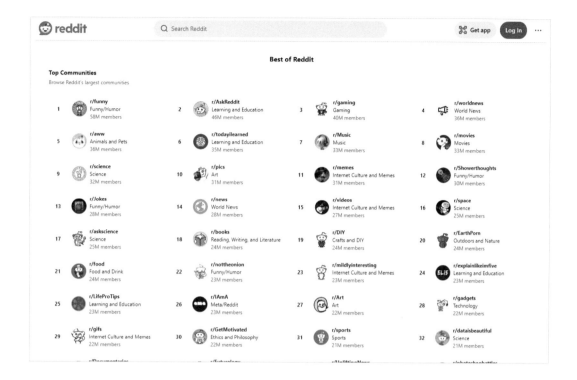

3 레딧의 장점과 단점

레딧은 다른 소셜미디어와 비교했을 때 몇 가지 독특한 장점이 있다.

- **관심사 기반 커뮤니티**: 레딧은 사용자가 자신의 관심사에 맞는 '서브레딧'을 구독할 수 있어, 마이너한 취미나 전문 분야에 대한 교류가 활발하다.

- **진정한 익명성**: 사용자들은 익명성을 바탕으로 진솔한 대화를 나눌 수 있으며, 이를 통해 다양한 교류가 가능하다.

- **콘텐츠 최적화**: 사용자는 자신의 관심사에 따라 콘텐츠를 최적화하여 볼 수 있으며, 이는 일반 신문과 달리 관심 없는 주제가 1면을 차지하는 일이 없다.

- **알고리즘의 효율성**: 레딧의 알고리즘은 사용자가 선호하지 않는 콘텐츠를 자동으로 필터링하여 보다 질 높은 정보를 제공한다.

- **표현의 자유**: 레딧은 표현의 자유를 중시하며, 사용자들은 자유롭게 의견을 나눌 수 있다.

이러한 특징들은 레딧을 다른 소셜미디어 플랫폼과 차별화하며, 사용자들에게 독특한 경험을 제공한다. 레딧은 특히 정보 교환과 토론을 중시하는 사용자들에게 매력적인 플랫폼이다.

레딧 또한 다른 소셜미디어나 커뮤니티 사이트처럼 단점이 존재한다.

- **부적절한 관심사 포함**: 레딧은 다양한 관심사를 담지만, 이는 변태적이거나 인종차별적, 여성비하적, 나치즘과 같은 부적절한 서브레딧도 포함할 수 있다.
- **익명성에 기반한 부정적인 내용**: 익명성은 솔직한 대화를 가능하게 하지만, 때로는 부정적이거나 해로운 생각들이 나타날 수 있다.
- **정보의 과잉**: 레딧은 방대한 양의 정보를 제공하지만, 때로는 사용자가 원치 않는 정보에 압도될 수 있다.
- **사용자 경험**: 일부 사용자는 레딧의 인터페이스를 조잡하다고 느낄 수 있으며, 이는 사용자 경험에 영향을 줄 수 있다.

이러한 단점에도 불구하고, 레딧은 적절한 서브레딧 구독과 콘텐츠 필터링을 통해 유용하게 사용될 수 있다. 사용자는 자신에게 맞지 않는 영상을 쉽게 걸러낼 수 있으며, 관심 있는 주제에 대한 깊은 토론과 정보 교환을 위한 공간으로 활용할 수 있다.

X(구 트위터)를 활용하면 레딧의 다양한 미디어를 좀 더 쉽게 볼 수 있다.

Viral Reddit Videos
@ViralRedditVids

🎬 Your hourly dose of Reddit's hottest videos! Stay tuned, stay trending. 🌐
자기소개 번역하기

📅 가입일: 2023년 11월

0 팔로우 중   **2,153** 팔로워

내가 팔로우하는 사용자 중에는 팔로워가 없습니다

Reddit ✓
@Reddit

Get the app: reddit.com/mobile/download • Follow @redditstatus for our current
status • For support: @Reddit_Support or reddithelp.com
자기소개 번역하기

💼 커뮤니티   🔗 reddit.com   📅 가입일: 2007년 3월

④ 레딧(Reddit)과 9GAG의 차이점

레딧(Reddit)과 9GAG는 각각 독특한 특성을 가진 소셜미디어 플랫폼으로 몇 가지의 차이점을 살펴본다면 다음과 같다.

- **목적과 콘텐츠**: 레딧은 뉴스 집계, 토론, 커뮤니티 기반의 플랫폼으로 다양한 주제에 대한 깊이 있는 토론이 가능하다. 반면, 9GAG는 주로 유머와 엔터테인먼트에 중점을 두고 있으며, 가벼운 영상을 공유하는 데 초점을 맞춘다.

- **사용자 참여**: 레딧 사용자들은 '업보트'와 '다운보트'를 통해 영상의 가시성을 결정하며, 서브레딧 내에서 활발한 토론이 일어난다. 9GAG 사용자들은 주로 영상에 '좋아요'를 누르고 댓글을 달아 참여한다.

- **커뮤니티 구조**: 레딧은 '서브레딧'이라는 주제별 게시판을 통해 커뮤니티가 구성되어 있으며, 사용자들은 관심 있는 서브레딧을 구독할 수 있다. 9GAG는 주제별 구분 없이 전체 피드에서 영상을 볼 수 있다.

- **익명성**: 레딧은 사용자들이 익명성을 유지하면서 자유롭게 의견을 나눌 수 있는 환경을 제공한다. 9GAG도 익명으로 게시물을 올릴 수 있지만, 레딧만큼의 익명성에 중점을 두지는 않는다.

- **인터페이스와 사용성**: 레딧은 복잡한 인터페이스와 다양한 기능을 가지고 있어 새로운 사용자에게 다소 어려울 수 있다. 반면, 9GAG는 간단하고 직관적인 디자인으로 쉽게 접근할 수 있다.

이러한 차이점들은 각 플랫폼이 제공하는 경험과 사용자가 찾는 콘텐츠의 종류에 따라 선택의 기준이 될 수 있다. 레딧은 정보 교환과 토론을 중시하는 반면, 9GAG은 유머와 엔터테인먼트를 즐기는 사용자들에게 적합하다.

해외 사이트의 경우 대부분이 영어 기반이므로 영어가 부족한 사람은
그 내용을 이해하기 힘들지만, 크롬 브라우저의 한국어 번역 기능을 이
용하면 대략적인 내용을 알 수 있다.

그 외 ChatGPT와 같은 OpenAI를 통해 번역이 가능하며, 그중
Deepl은 웹으로 접속할 수 있지만 프로그램을 다운로드해서 설치 후 사
용할 수 있어 편리하다.

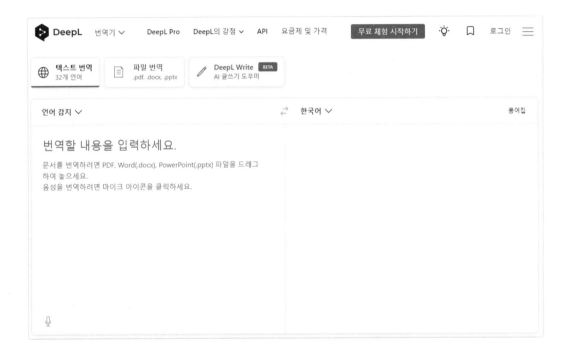

자신만의 쇼츠 영상 만들기

저작권을 피해 갈 수 있는 최고의 방법은 자신이 가지고 있는 아이디어를 잘 표현한 영상을 제작하는 것이다. 자신만의 쇼츠 영상을 만드는 것이 쉽지 않은 일이지만 의외로 책, 영화, 광고 CF 등 다양한 미디어에서 영감을 받을 수 있다.

가장 중요한 것은 자신만의 특정한 주제를 정하고 거기에 맞춰 꾸준하게 영상을 올리는 것이다. 자신만의 자료와 영상이 쌓이기 시작하면 이는 사람들의 관심을 부르고 조회수와 직결하게 되는 것이다.

1 영화에서 영감 얻기

1995년 영화 〈스모크〉는 1991년 뉴욕타임스에 실린 폴 오스터의 단편, 《오기 렌의 크리스마스 이야기》에서 영감을 얻은 감독 웨인 왕이 작가에게 각본을 의뢰하여 1995년에 만든 영화다.

영화 〈스모크〉에서 주인공 오기 렌(하비 케이틀 분)은 14년 동안 매일 아침 같은 시간, 같은 장소에서 사진을 찍는 취미를 가지고 있다. 그렇게 찍은 사진은 4,000장에 달하는데 이 이야기는 많은 사람에게 영감을 주었다.

이 영화에서 오기 렌은 14년 동안 매일 아침 8시에 브루클린의 작은 담배 가게 앞에서 사진을 찍는다. 이 사진들은 겉보기에는 비슷해 보이지만, 자세히 들여다보면 각기 다른 날씨와 지나가는 사람들의 모습을 담고 있어, 반복되는 일상 안에서도 변화와 삶의 특별한 순간들을 포착하고 있다.

　이러한 형식은 실제로도 사진작가들과 예술가들에게 영감을 주어, 비슷한 프로젝트를 진행하게 하였다. 유튜브 쇼츠 역시 매일 같은 시간 같은 장소에서 찍은 영상으로 1분 내의 쇼츠를 만들 수 있고 스냅사진을 이어 붙여 1주일 혹은 1달의 쇼츠를 만들 수도 있다.

15 누군가에겐 의미 없는 영상

아무런 의미 없는 영상이지만 의외로 조회수가 많이 나오는 영상들이 있다. 그렇다면 사람들은 의미 없는 영상을 왜 보는 것일까? 사람들이 의미 없다고 여겨지는 영상을 보는 이유는 다양하다. 일부는 단순히 시간을 보내기 위해, 스트레스 해소나 재미를 찾기 위해, 또는 호기심에서 비롯될 수 있다.

또한, 유튜브와 같은 플랫폼은 사용자의 관심사와 시청 기록을 분석하여 맞춤형 영상을 제공하기 때문에 사용자가 의도하지 않게 이러한 영상을 접할 수도 있다. 이는 플랫폼의 알고리즘이 사용자의 관심을 끌 만한 영상을 추천하기 때문일 수 있다. 결국, 사람들이 의미 없는 영상을 보는 것은 개인의 선택과 선호, 상황에 따라 달라질 수 있으며, 다양한 이유로 인해 발생할 수 있다.

⑤ Shorts

아무생각 없이 보는 영상
조회수 814회

할수록 매력이 떨어지는 말투 특징
조회수 240만회

아무 생각 없이 보는 영상
조회수 61회

아무 생각 없이 보는 영상#뇌 휴식#탕구#멍때리기
조회수 180회

아무 생각없이 보는 웃긴 영 (Funny Videos) #우울한주.
조회수 3.5천회

하나의 예로 〈The Most Useless Machine EVER〉는 사용자가 스위치를 켜면, 기계가 스스로 스위치를 다시 끄는 단순한 기능을 수행하는 장치다. 이 기계는 나무 상자 형태로 되어 있으며, 스위치를 켜면 상자 안에서 손 모양의 기계가 나와 스위치를 다시 끄고 사라진다. 이 기계는 마빈 민스키와 클로드 섀넌이 고안한 'Ultimate Machine'에서 영감을 받았으며, 그 자체로는 아무런 실질적인 기능이 없기에 '가장 쓸모없는 기계'라는 이름이 붙었다.

The Most Useless Machine EVER!??!!!
조회수 1154만회 · 14년 전

Frivolous Engineering

Inspired by Marvin Minsky and Claude Shannon's Ultimate Machin

그러나 겨우 19초의 이 짧은 영상은 2009년에 유튜브에 처음 소개된 이후 1,154만 회라는 경이적인 조회수를 기록했으며 많은 사람이 이 기계의 DIY 버전을 만들거나, 다양한 변형을 추가하여 자신만의 버전을 제작하기도 했다. 이 기계는 쓸모없음의 아이러니를 통해 사람들에게 웃음과 재미를 주며, 기계공학과 창의성의 한 예로 여겨진다.

The MOST Useless Machine
조회수 2946만회 · 10년 전

fxhm

Here is my version of a advanced useless machine. I didn't made of the ...

16 다양한 소셜미디어와 사이트에서 영상을 다운로드하는 방법

소셜미디어에서 동영상을 다운로드하는 방법은 플랫폼마다 다를 수 있지만, 일반적으로 다음과 같은 방법을 사용할 수 있다.

■ 동영상 다운로드 도구 사용

동영상이 있는 페이지의 URL을 온라인 동영상 다운로드 도구에 붙여넣고 동영상을 다운로드한다. 이러한 도구는 다양한 형식과 해상도로 동영상을 저장할 수 있는 옵션을 제공한다.

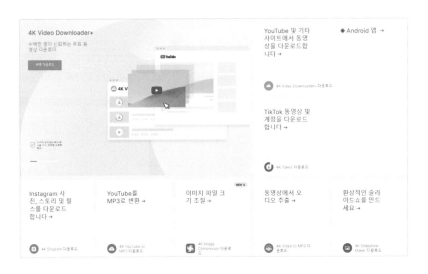

4kdownload의 경우 다양한 플랫폼에서 다운로드할 수 있는 프로그램이 있으므로 자신에게 맞는 프로그램을 설치하면 된다. 무료 사용이

가능하지만, 다운로드 수와 기능의 제한이 있다. 라이선스를 구입하면 프리미엄 기능을 통해 더 많은 동영상을 다운로드할 수 있고 여러 가지 기능을 제약 없이 사용할 수 있다.

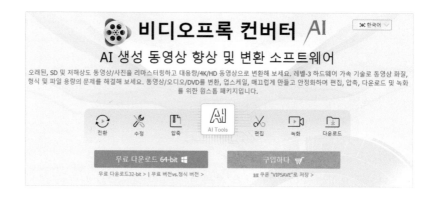

■ VideoProc Converter AI

유튜브, 비메오, 페이스북 등 다양한 사이트에서 동영상을 다운로드 할 수 있으며, 간단한 동영상 편집 기능도 제공한다.

• **Freemake Downloader**: 여러 형식으로 동영상을 다운로드하고, MP3 파일로 변환하는 기능이 있다.

- **YTD Downloader**: 다양한 스트리밍 사이트에서 동영상을 다운로드할 수 있다.

■ **브라우저 확장 프로그램**

Chrome과 같은 웹 브라우저에는 동영상 다운로드를 도와주는 확장 프로그램이 있다. 이를 설치하면 대부분의 동영상을 다운로드할 수 있다.

이런 확장 프로그램은 엣지나 웨일 같은 크롬 기반의 브라우저에도 설치가 가능하다.

• **FetchV**: 다양한 형식의 스트리밍 동영상을 다운로드할 수 있는 확장 프로그램.

• 스트리밍 영상을 MP4 형식으로 다운로드할 수 있게 해주는 확장 프로그램.

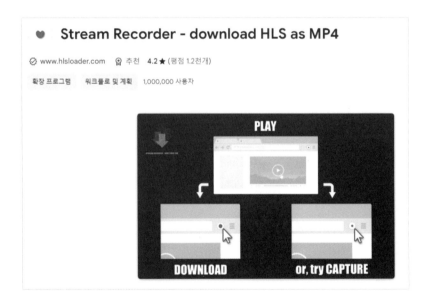

• **타사 앱 또는 웹사이트**: InstaSave 또는 비슷한 신뢰할 수 있는 타사 앱이나 웹사이트를 사용하여 동영상의 링크를 붙여 넣고 다운로드할 수 있다.

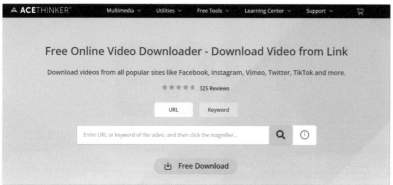

▲ AceThinker Video Downloader: 웹 기반 도구로 유튜브, 페이스북, 인스타그램 등에서 동영상을 다운로드할 수 있다.

　이러한 방법들을 사용할 때는 항상 저작권과 해당 소셜미디어 플랫폼의 이용 약관을 준수해야 한다. 상업적 목적이 아닌 개인적인 용도로만 사용하고, 저작권자의 허락을 받은 콘텐츠만 다운로드하는 것이 중요하다. 또한, 동영상의 저작권자의 허락 없이 동영상을 다운로드하거나 공유하는 것은 불법일 수 있으므로 주의해야 한다. 동영상을 다운로드하기 전에는 항상 해당 플랫폼의 정책을 확인하는 것이 필요하다.

PART **03**

AI와
쇼츠 영상 만들기

ChatGPT를 이용한 대본, 내레이션 만들기와 녹음하기, Copilot으로 만드는
이미지 자료, 필모라(Filmora), 브루(Vrew), 캡컷(CapCut) 등의
다양한 AI 영상 툴을 이용하여 쇼츠를 빠르고 쉽게 만들 수 있는
방법을 알아보자.

01 쇼츠 사이즈

쇼츠의 경우 정보 전달 목적이 많아 내레이션과 텍스트 활용도가 많은 편이며, 영상 제작 부담이 상대적으로 적고 기존 유튜브 영상을 쇼츠폼으로 재가공해 롱폼 영상으로의 유입을 유도하는 등 한번 제작한 콘텐츠를 다양한 플랫폼에 활용하는 '원소스 멀티유즈' 전략이 가능하다. 그리고 롱폼 영상과 비교했을 때 조회수가 잘 나오는 점도 진입장벽을 낮추는 요인이다.

유튜브에서 제시하는 유튜브 쇼츠의 최대 길이는 60초로 제한되며, 틱톡과 달리 유튜브에서 관리하는 라이선스 음원을 활용할 수 있는 것이 큰 장점이다. 쇼츠의 영상 비율은 9:16으로 규정되어 있으며 픽셀값으로 보면 1,080×1,920이 최적의 사이즈다.

유튜브 16:9   쇼츠 9:16   인스타그램 4:5   정방향 1:1   클래식 4:3

사이즈가 맞지 않거나 가로 사이즈일 경우에는 1,080×1,920 사이즈 내에서 상·하단을 검은색으로 채우고 그 부분에 메시지를 넣는 방법도 있다. 스마트폰에서는 세로 화면 사이즈대로 사용하면 된다.

모니터 화면에서 캡처할 때에는 모니터 해상도에 따라서 크기가 달라질 수 있는데 보통 1,920×1,080의 FHD 화면으로 보았을 때 1,080×1,090으로 설정하면 화면으로 세로로 돌려야 하기 때문에 540×960 크기로 캡처하면 된다. 다만 화면 안에 무엇을 담을지는 본인이 프로그램을 창 안에 넣어 맞추어야 한다. 가로로 촬영하였거나 저장된 영상을 이용할 때에는 상하단에 바를 넣고 텍스트를 넣어 활용하는 방법도 있다. 이런 경우에는 영상 내용이 작게 보일 경우도 있기 때문에 주제를 확대해서 크롭해서 사용하는 방법도 있다.

중앙에 화면이 배치될 경우 상단에는 제목을 고정으로 두고 하단은 자막이 영상과 함께 변화되는 형식으로 만든다. 물론 쇼츠에 제한은 딱히 없다. 정신없게 자막을 배치해서 영상에 혼란을 가중시키는 것만 하지 않으면 된다.

◀◀ 상단에 제목과 하단에 내레이션 글을 띄워주는 쇼츠 영상
◀ 전체 영상만으로 채워진 쇼츠 영상

전체 화면의 경우는 좌우가 좁기 때문에 넓은 풍경을 큰 화면 느낌으로 보여주기에는 부족하지만 집중할 수 있고, 중앙 화면에 영상을 배치할 경우에는 제목에서 주는 주제를 확실히 부각시켜주고 자막이나 설명을 따로 넣어 영상은 영상대로 집중할 수 있다.

02

스마트폰에서
쇼츠 영상 올리기

스마트폰으로 언제 어디서든 간단하게 쇼츠 영상을 올리는 방법을 알아보자. 유튜브 앱만 설치되어 있으면 자체에서 바로 촬영하고 영상을 간단하게 편집할 수가 있다. 구글플레이나 앱스토어에서 유튜브와 유튜브 스튜디오를 검색하여 앱을 설치하자.

유튜브 앱을 실행하여 하단 중앙에 +를 탭한다. 사운드를 추가하려면 상단에 [사운드 추가]를 눌러 원하는 사운드를 넣는다. 영상은 촬영한 라이브러리를 터치하여 원하는 영상을 선택한다.

▲ 사운드 추가   ▲ 라이브러리 항목

영상은 1분 미만으로 설정하여 추가할 수도 있으며 타임라인에 들어가 원하는 위치에 텍스트를 입력할 수 있다. 텍스트는 길게 눌러 위치를 지정할 수 있다.

타임라인을 터치해 텍스트, 자르기, 필터 등으로 영상을 간단하게 편집할 수 있다.

텍스트 추가

완료를 누르면 세부정보를 추가할 수 있다. 처음 공개 상태는 비공개로 해서 테스트를 해 본 후 공개하는 것이 좋다. 영상을 업로드 후 영상을 확인해보자.

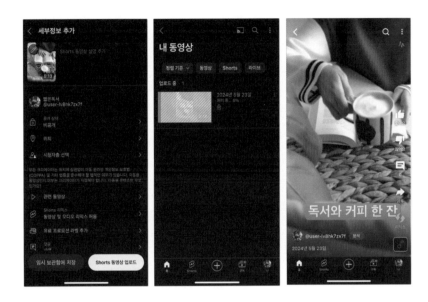

상단 오른쪽 메뉴를 누르고 스튜디오에서 고급설정 수정을 터치하여 유튜브 스튜디오 앱으로 이동하여 수정하고 싶은 내용을 수정할 수 있다. 제목과 카테고리 선택, 댓글 사용 등에 설정을 할 수 있다.

03 AI를 이용한 문서와 이미지 만들기

OpenAI는 2015년에 설립된 연구기관으로, 혁신적인 인공지능(AI) 연구와 개발을 목표로 한다. OpenAI의 비전은 강력한 AI가 모든 사람에게 이로운 방식으로 공유되어야 한다는 것이다. OpenAI는 다양한 프로젝트를 통해 AI 분야에 기여하고 있으며, 그중 하나가 GPT(Generative Pre-trained Transformer) 시리즈다. 이 시리즈에 속한 모델은 대규모 데이터셋을 기반으로 사전 훈련된 후, 다양한 작업에 적용할 수 있도록 설계되었다. ChatGPT는 GPT-3.5 아키텍처를 기반으로 한 대화형 모델로, 다양한 언어 작업에서 유용하게 사용된다.

ChatGPT는 OpenAI에서 개발한 언어 모델로, GPT-3.5 아키텍처를 기반으로 한다. 이 모델은 거대한 양의 다양한 텍스트 데이터를 학습하여 자연어 이해 및 생성 능력을 갖추고 있다. ChatGPT를 사용하면 자연스럽고 유창한 대화를 할 수 있다. 질문에 답하거나 토론을 진행할 뿐만 아니라, 창의적인 글쓰기, 새로운 아이디어 도출, 프로그래밍 도움, 언어 학습 등 다양한 작업에 활용할 수 있다. 단, 정확성이 항상 보장되는 것은 아니므로 정보를 검증하는 것이 중요하며 어디까지나 참고용과 다듬어 사용할 용도로 써야 한다. 실제로 역사 관련 지식은 학습이 부족한 경우도 많아서 고려시대의 인물 중에 조선시대의 인물이 들어가기도 한다. 이는 어디까지나 인터넷에 집합해 있는 정보들을 읽어서 표출하는 결과이기 때문에 지금은 100% 신뢰하기는 아직 이르지만 빠르게 발전하고 있다는 것을 알 수 있다.

1 ChatGPT

ChatGPT를 어떻게 사용할지 기본적인 설치 과정과 사용법을 먼저 알아보자.

ChatGPT는 각자 사용하는 스마트폰에 맞춰 앱(구글플레이, 앱스토어)을 찾아 설치한 후 구글이나 애플의 아이디가 있는 곳으로 연동해 사용할 수 있다. PC에서 사용하는 게 편할 수 있지만 최근에는 스마트폰 앱이 음성인식 등을 지원해서 더 편리해졌다. 쇼츠를 만드는 사용자라면 오히려 앱이 편리할 수 있다.

구글플레이나 앱스토어(이미지는 아이폰 앱스토어 기준)에서 검색창에 'chatgpt'를 입력 후 받기를 누르고 앱을 실행한다. 여기서 자신이 가지고 있는 아이디를 누르면 바로 실행이 가능하다.

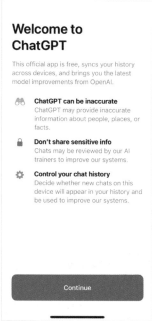

유튜버를 시작하면 기본으로 구글 계정을 만들었기 때문에 구글 계정으로 들어가면 된다. 영문으로 환영하는 메시지와 함께 Continue를 누르면 마이크 접근 허용 경고창이 나오는데 확인을 누른다. ChatGPT 앱은 목소리 인식률이 상당히 좋아서 질문하고 싶은 내용을 대화형처럼 말로 쓰기에 좋다.

설치와 설정 과정이 모두 완료되면 문자창에 음성인식 아이콘을 눌러 마이크 활성 후 질문을 하고 동그란 모양을 누르면 문자창에 자신이 말한 글이 입력된다. 입력된 메시지를 문자 보내듯 화살표 모양 아이콘을 누르면 메시지가 전달되고 ChatGPT가 답을 해 준다. 여기서 음성을 말할 때 대기 기간이 좀 길면 인식하지 못하기 때문에 음성 실행 후 바로 질문을 하는 것이 좋다.

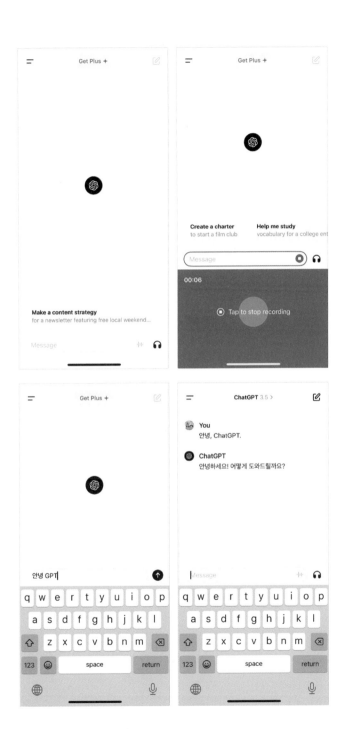

이제 쇼츠를 만들기 위해 원고를 쓸 때 사용하는 법을 알아보자. 보통 쇼츠는 1분 안에 만드는 영상이다. 자신이 직접 원고를 작성한 후 1분 안으로 말할 수 있게 줄여달라든가 하는 등의 방법으로 사용할 수 있다. ChatGPT는 대화형으로 만약 우리가 어떤 정보를 묻거나 알고 싶다면 누구한테 물어보듯 질문해도 되고 짧게 단어 형태로 끝맺음해도 그에 맞는 답변을 한다.

만약 우리가 전남 여수를 여행하고 싶다면 간단하게 '전남 여수에 갈 만한 곳'이라고 입력만 해도 되고, "전남 여수에 갈만한 곳 소개해줄래?" 와 같이 대화형으로 물어도 된다. 대화형으로 묻고 단답형으로 물어도 그에 맞는 답변을 해준다.

정보 중 쓸 만한 내용을 활용하려면 텍스트를 복사해서 메모장이나 카카오톡 대화창으로 가져갈 수도 있고 글을 직접 목소리로 들을 수도 있다.

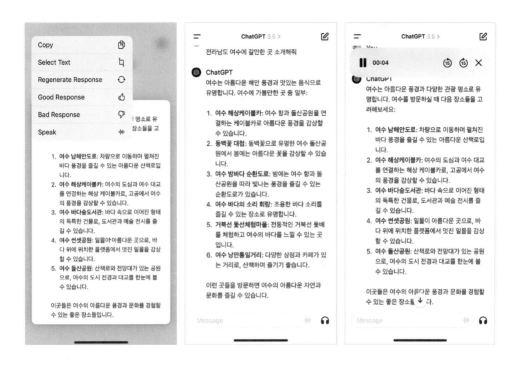

답해준 부분을 탭하면 6개의 명령어 창이 나온다. 여기서 Copy를 해서 다른 곳으로 복사를 할 수 있고 원하는 곳만 복사하려면 Select Text를 선택한다. Regenerate Response를 누르면 다른 내용의 답을 해준다. Good Response는 유튜브의 '좋아요'처럼 답변에 대한 고마움을 사용자가 해주는 것이다. 반대로 Bad Response는 답변이 싫다 정도로 생각하면 된다. 마지막으로 Speak는 목소리로 직접 말해준다.

짧게 전달하는 쇼츠의 특성과 빠르게 답변하는 ChatGPT의 방식이 잘 맞아떨어지기 때문에 간단한 소개와 설명을 할 때 사용하는 것이 매우 편리하다. 하지만 GPT는 기계적인 답변처럼 보이기 때문에 사용한다면 본인이 직접 수정해 주는 것이 좋다.

2 Copilot

윈도우10, 11 사용자는 인터넷 브라우저 엣지(Edge)를 사용하여 인공지능 AI인 Copilot을 사용할 수 있다. Copilot은 OpenAI에서 개발한 인공지능 언어 모델로 클로드 3(Claude 3)라고도 부른다. 이 모델은 자연어 처리와 프로그래밍 언어 이해를 결합하여 다양한 작업에 도움을 줄 수 있다. Copilot은 코드 작성, 문서 요약, 질문 응답, 창의적인 콘텐츠 생성 등 다양한 기능을 수행할 수 있다. 스마트폰보다 컴퓨터로 작업을 많이 하는 환경이라면 실제로 ChatGPT보다 편리하다. Edge 브라우저를 이용하여 사용하는 방법을 몇 가지 살펴보자. Copilot 역시 앱으로도 사용 가능하다.

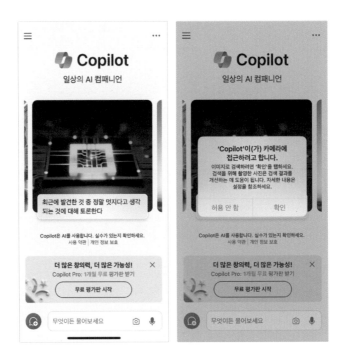

첫째로 인터넷 기사를 요약해서 보고 싶다면 그 페이지에서 Copilot을 실행하여 오른쪽 창에 [페이지 요약 생성]을 누르면 Copilot가 페이

지를 요약하여 정리한다. 또한 영문으로 나와도 번역해 달라고 하면 번역해 준다. 웹브라우저 엣지에서는 단축기(Ctrl+Shift+.)는 엣지가 실행된 상태에서 가능하다.

자신이 가지고 있는 이미지나 사진 등을 영문으로 프롬프트(Prompt)화 시킬 때 사용하면 편리하다. AI가 이미지나 사진 등을 보고 명령어 형식으로 만들어 주는데 이를 가지고 각종 AI 이미지 편집 프로그램에 프롬프트 입력 창에 활용할 수 있다. 보통 이미지를 만드는 AI 등에는 각종 명령어를 사용하거나 영어로 입력해야 하는 경우가 많기에 직접 촬영한 사진이나 소스 이미지 등을 활용하여 영문으로 프롬프트 시킨 후에 사용할 수 있었지만 Copilot은 직접 한글로도 가능하다. 다만 영문 프롬프트를 사용하는 AI를 사용할 경우에는 다음과 같은 형식으로 만들 수 있다.

자료가 없는 경우에도 Copilot에서는 DALL·3에서 구동하는 이미지를 프롬프트를 통해 만들 수 있다. 생성된 이미지는 클릭해서 웹페이지를 통해 저장할 수 있다.

Copilot prompt를 활용하는 법은 대략 다음과 같다. 특히 이미지를 만들고 싶을 때 프롬프트를 자세히 작성해 주는 것이 좋다.

1. **목표**: 어떤 응답을 Copilot으로부터 얻으려 하는가?

2. **상황**: 왜 그것이 필요하며 누가 관련되어 있는가?

3. **출처**: 어떤 정보 또는 예시를 Copilot이 사용하게 할 것인가?

4. **기대**: 어떻게 Copilot이 응답해야 기대를 충족할 수 있는가?

잡담으로 기사를 접한 사람은 알 수도 있지만 교육부는 2025년부터 초등학교와 중학교에서 코딩 교육을 의무화한다는 계획을 지난 2022년에 발표했다. 그런데 최근 접한 뉴스에 엔비디아의 젠슨 황(CEO)의 말을 들어보면 이 계획을 수정해야 할 필요가 있어 보인다.

젠슨 황의 말을 요약해보면 AI가 생기면서 코딩을 배울 필요가 없고, 영어마저 배우지 않아도 된다고 말했다. 또한 매년 반도체 칩은 발달하고 있으며 인프라도 발전하고 있어서 자신이 다시 전공을 선택한다면 가장 복잡한 분야가 생물학이라는 것을 깨달았을 것 같다고 말했다.

여기서 중요한 것은 AI를 사용하려면 단순한 기술이 아닌 명령이라는 것을 알 수 있듯 우리가 앞으로 배워나가야 할 것은 생물학과 인문학에 더 가깝다는 것을 알 수 있다. 국내도 AI 시대에 맞춰 변화할 다양한 정책이 필요해 보인다.

04 필모라(Filmora) 녹음과 자막

쇼츠를 만드는 방법은 다양하다. 이미지나 영상을 촬영하고 대본을 만들어 넣는 경우가 일반적이다. 하지만 앞서 AI를 통해 문서를 만드는 방법을 알아봤듯이, 이미지와 다양한 자료를 직접 촬영하기 힘들 경우 인터넷 등을 통해 이미지나 영상을 찾아야 할 수도 있다. 이럴 때는 쇼츠로 만들고 싶은 주제의 내용을 만들고 녹음해놓은 뒤 영상 편집 프로그램에서 불러와 만드는 방법도 있다. 무료로 사용할 수 있는 영상 프로그램에서는 음성 파일을 불러와 자막으로 만든 후 AI에게 관련된 영상을 만들어 주는 방식의 프로그램도 있으므로 만들고 싶은 영상의 콘텐츠를 생각날 때마다 녹음해놓고 프로그램을 이용하는 방식도 추천한다.

대본의 녹음은 자신이 가지고 있는 스마트폰으로 녹음해도 충분하다. 유튜브 롱폼을 만드는 게 아니라 1분 안에 짧은 대본을 읽는 방식 때문에 굳이 비싼 마이크 장비를 구입해서 사용할 필요는 없다. 스마트폰으로 녹음하는 방법은 비교적 간단하다.

1 스마트폰으로 대본 녹음하는 방법

첫 번째로 대본을 작성해 둔다. 장소는 소리가 울리지 않고 조용한 공간이 좋다. 주변의 소음을 방지하기 위해 담요나 두툼한 천, 또는 행거에 걸려있는 옷을 가림막으로 사용하는 것도 방법이다. 집에서도 조용한 시간을 틈타 거실에 있는 커튼을 이용하는 방법도 좋지만 앉아서 차분히 읽을 수 있는 공간을 찾는 것이 좋다.

스마트폰에서 음성메모(갤럭시폰_음성녹음) 기능을 켠다. 음성메모 〉
녹음 버튼을 눌러 녹음을 하고, 아이폰은 무손실 압축, 갤럭시폰은 고품
질 256kbs로 저장한다.

녹음할 때 중요한 것은 마이크에 입을 너무 가까이 대지 않는 것이다.
자음 중 유기음인 ㅋㅌㅍㅊ 같은 강한 발음이 들어가면 음이 튀거나 거
슬릴 수 있다. 저장한 음성은 영상을 만들 때 영상 프로그램에서 속도를
변경하여 음성을 약간 변조시켜 주거나 자신의 목소리가 마음에 든다면
그대로 사용한다.

녹음한 파일을 PC에서 사용하려면 ⋯을 눌러 녹음 항목에서 공유 항
목을 탭하고 자신의 카카오톡이나 사용 가능한 스토리지 또는 이메일 등
으로 보내서 다운로드하거나 PC에서 사용하면 된다.

② 필모라 음성 파일 가져와 자막 만들기

원더셰어 필모라 사이트(https://filmora.wondershare.kr)에 들어가 무료 다운로드한 후 프로그램을 설치하자. 구글로 로그인을 하고 무료 버전으로 사용할 수 있다. 워터마크나 기타 유료 기능이 있다.

(01) 설치 후 프로젝트 창이 나오면 쇼츠용 사이즈에 맞춰 종횡비 9:16(세로)로 수정한 후 +새 프로젝트를 클릭한다.

(02) 저장해 놓은 폴더에서 음성 파일을 선택한 후 열기(O)를 클릭한다.

(03) 폴더 화면에 녹음된 음성파일이 생성된 것을 확인한 후 오디오 트랙으로 드래그 해준다.

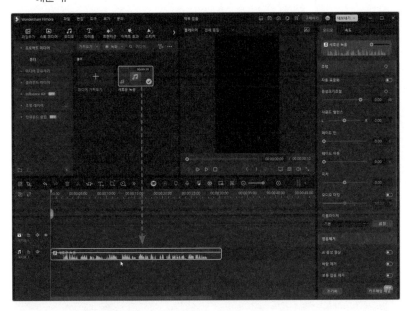

(04) 트랙 메뉴에 음성 텍스트 변환 아이콘을 클릭한다.

(05) 변환 창이 나오면 오디오 언어를 선택한 후 확인을 클릭한다.

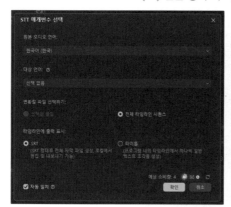

(06) 자막 영상이 생성되면 폴더에 시퀀스_01 파일이 생성된다. 트랙에서 실행해 보면
자막과 녹음된 음성이 나오는 것을 확인할 수 있다.

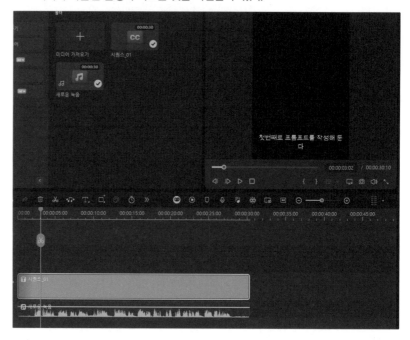

(07) 필모라에서는 AI 이미지를 생성할 수 있다. 왼쪽 메뉴에서 AI 이미지 생성을 클릭한다.

(08) AI 이미지 대화창이 나오면 이미지 스타일을 선택한 후 생성하려는 이미지의 내용을 대화창에 입력한 후 종횡비는 9:16으로 설정한 후 생성 시작 버튼을 클릭한다.

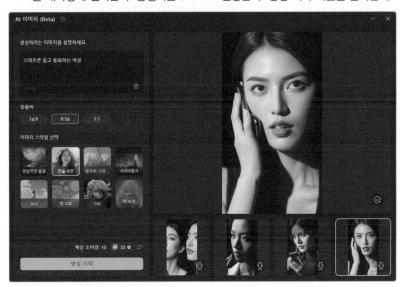

(09) 만들어진 이미지는 폴더에 생성되고 트랙에 드래그한다. 이때 만들어진 시퀀스_01
이 위에 오도록 한다. 순서는 레이어를 생각하면 된다. 자막이 나와야 하므로 시퀀
스_01이 첫 번째로 가고 이미지가 두 번째로 가면 된다.

(10) 영상이 완료되면 오른쪽 상단에 내보내기를 클릭해 대화창이 나오면 파일명, 저장
위치 등을 설정하고 내보내기를 클릭하면 영상이 만들어진다.

05 쇼츠 업로드, 썸네일, 음악 넣기

쇼츠의 썸네일은 구독자나 일반 시청자가 유튜브 메인 화면에 떠 있는 화면을 보고 클릭하거나 영상을 볼 수 있도록 하는 페이지를 말한다. 시청자의 관심을 끌기 위해 일부 자극적인 영상 화면을 메인에 배치한다거나 하는 방법으로 쇼츠에는 없던 기능이었지만 새롭게 도입되었다. 썸네일을 보고 클릭하는 경우가 많기에 고민하고 만들어야 한다. 쉽게 말하면 책에서 표지와 같은 역할을 한다고 볼 수 있다. 또한 다양한 효과도 지원하며 새롭게 출시하고 있어 그에 맞는 썸네일을 만들 수 있다. 음악 역시 넣지 않았다면 유튜브에서 무료로 제공하는 음악을 이용해서 영상을 추가할 수도 있다. 간단한 작업이지만 유튜브를 처음 사용하는 사람은 본문의 내용을 통해 사용 방법을 알아보자.

1 유튜브 채널 인증받기

유튜브에 썸네일을 적용하려면 스마트폰으로 채널 인증을 받아야 한다. 유튜브 롱폼이나 쇼츠나 마찬가지로 한 번 받아놓으면 계속 사용할 수 있다. 계정 인증을 받으면 맞춤 썸네일을 업로드 시 활용할 수 있고, 15분 이상의 롱폼 영상과 라이브 스트림을 할 수 있다. 계정 인증은 스팸 및 사기 채널 등에 대한 악용을 방지하고자 하는 구글의 방책이다.

계정 인증은 http://www.youtube.com/verify/로 접속해서 문자나 음성 통화를 통해 인증 코드를 받아 제출하면 된다.

계정이 인증되면 수행할 수 있는 작업은

1. 길이가 15분을 초과하는 동영상 업로드

2. 맞춤 썸네일 추가

3. 라이브 스트림

4. Content ID 소유권 주장에 대한 항소

등이 있으며 이미 채널에 영상이 쌓여 기록이 있는 경우에 인증할 때는 제한된 일일 한도 등을 해지할 수가 있고 자격 요건이 되었을 때 수익 창출 신청을 할 수 있다.

2 영상 올리기와 썸네일 만들기

자신의 구글 계정으로 로그인된 유튜브(http://www.youtube.com)

화면에서 오른쪽 상단 +만들기를 클릭하고 만든 쇼츠 영상이나 올릴 영
상을 선택하여 업로드한다.

　화면 중앙에 썸네일에 보면 기본값으로 설정된 썸네일이 나온다. 그대
로 사용한다면 다음 버튼을 누르면 된다. 다른 이미지를 이용하고 싶을
경우에는 썸네일 업로드를 클릭하여 원하는 이미지를 선택하면 된다.

세부 정보는 영상을 올린 후에도 수정이 가능하니 먼저 비공개로 저장
해 놓은 후 올리면 된다.

영상이 올라가면 채널 콘텐츠 동영상 탭에서 올라간 영상을 확인할 수 있다. 쇼츠 영상일 경우 Shorts 탭을 선택하면 된다. 쇼츠 영상은 쇼츠 사이즈에 맞게 영상을 만들어서 올리면 된다.

▲ 쇼츠 영상의 경우 자동으로 Shorts 탭으로 이동하고 영상에 S로고가 붙는다.

영상의 제목과 내용을 수정하고 싶으면 영상에 마우스를 가져다 대면 수정할 수 있는 옵션이 나온다. 옵션을 선택하여 제목 및 설명을 수정한 후 저장을 누른다.

영상이 모두 완성되면 공개 상태를 눌러 공개를 선택하거나 예약을 할 수 있다.

■ 영상에 음악 추가하기

영상 프로그램을 통해 영상을 넣어준 후 유튜브에 업로드하는 게 좋지만 스마트폰을 통해 빠르게 올리고 싶은 영상이나 편집이 필요 없고 영상만 추가하고 싶을 경우 유튜브 음악을 이용하는 것도 괜찮다. 유튜브에서는 동영상 편집기를 통해 영상을 자르거나 간단한 효과를 넣을 수 있고, 음악을 넣어줄 수 있다.

콘텐츠의 영상을 마우스로 선택하여 세부 정보로 이동한다.

세부 정보에서 편집기로 이동한다.

동영상 편집기로 화면이 전환되면 오디오를 선택해서 음악을 선택한다.

원하는 음악을 선택하여 추가한다. 오디오는 보관함을 통해 미리 선택해 놓은 음악을 선택할 수도 있고 미리 사용할 음악을 별표 표시로 해놓아 빠르게 만들 수 있다. 영상에 맞는 음악을 미리 찾아놓거나 보관함에 넣어두는 것도 작업 시간을 단축시키는 방법이다.

음악을 선택하여 추가하면 오디오란에 음악이 추가된 것을 볼 수 있다.
오른쪽 화면에 재생버튼을 눌러 음악이 삽입되었는지 확인해 보고 이상
이 없다면 영상을 저장한다.

유튜브에 있는 동영상 편집기를 통해 올리는 영상은 바로 촬영한 영상
을 빠르게 올리거나 편집이 필요 없는 영상을 올릴 때 약간의 편집이 필
요할 때만 사용하자. 특별히 영상을 제작할 시 다른 영상 편집 프로그램
을 통해 만들어 업로드하는 방법을 사용하는 것이 좋다.

06 컴퓨터 화면 녹화하여 영상 만들기

컴퓨터 모니터의 화면을 녹화하여 쇼츠를 만드는 방법을 알아보자. 컴퓨터 화면에서 보이는 장면을 쇼츠로 올리고 싶거나 간단한 엑셀 프로그램 같은 경우 사용법을 쇼츠로 만들어 올리는 것도 하나의 예이다. 자신이 컴퓨터 관련 프로그램 지식이 많거나 모니터 화면에 나타나는 내용을 영상으로 만들어 보여주고 싶다면 다음과 같은 방식을 사용해보자.

먼저 모니터에 화면을 녹화하려면 녹화 프로그램이 필요하다. 모니터 화면에서 마우스가 움직이고 프로그램이 실행되는 모습 등을 영상으로 캡처하는 방법은 주로 컴퓨터를 이용해 유튜브 라이브를 하는 경우에 OBS Studio 등을 이용해 모니터 영상을 녹화할 수 있는데 초보자가 사용하기에는 약간 까다로울 수도 있다. 여기서는 조금 더 쉽게 사용할 수 있는 wondershare의 DemoCreator을 사용해 보자. 간단한 영상 편집도 가능하기 때문에 짧은 편집하기에 좋은 쇼츠 영상을 만들기 좋다.

(01) http://dc.wondershare.kr로 이동하여 프로그램을 무료 다운로드하자.

(02) 무료 다운로드를 클릭하여 파일을 다운로드한 후 설치를 한다. 개인정보 처리 방침에 선택을 하고 설치를 클릭한다. 설치는 시스템에 따라 시간이 조금 걸린다.

(03) 설치가 완료되면 제품 설치가 완료되었다는 인터넷 페이지가 나오며 시작하기 창이 나온다. [사작하기]를 클릭한다.

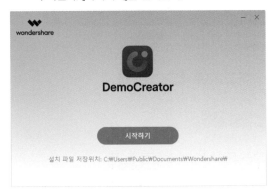

(04) 시작 후 구글 아이디로 간단하게 로그인하여 가입할 수 있다.

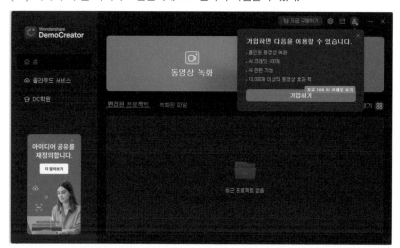

(05) 로그인이 완료되면 동영상 녹화 모양을 클릭한다.

(06) 화면과 카메라, 게임 등 다양한 녹화 방식이 있다. 여기서는 화면을 선택한다.

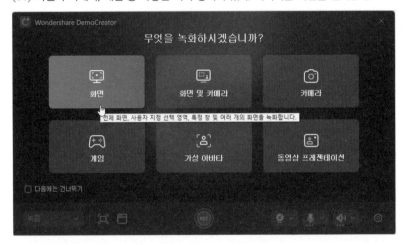

(07) 화면을 선택하면 녹화할 사각 툴이 나오고 1280×720 크기의 사각 툴이 나온다.

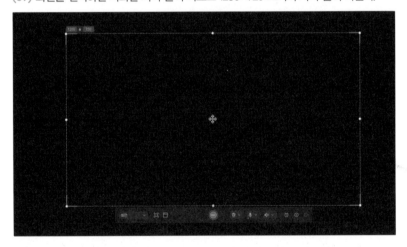

(08) 쇼츠 크기로 영상을 바로 녹화하면 그대로 사용할 수 있기 때문에 여기서는 아래 메뉴바에서 화면 선택을 틱톡화면(9:16) 사이즈를 선택한다. 중앙의 화살표를 마우스로 잡아 원하는 곳에 위치한 후 REC 버튼을 눌러 녹화를 시작할 수 있다. 3초 타이머가 실행된 후 녹화가 된다.

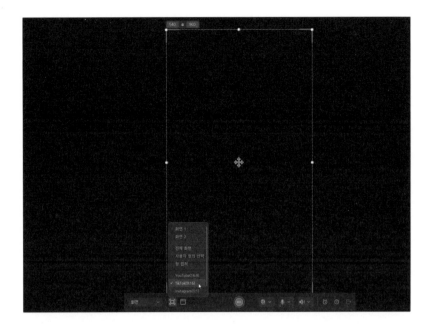

(09) 영상을 녹화할 경우 짧게 끊어서 녹화하거나 미리 순서를 정해놓고 화면 안에 담아서 녹화한다. 순서가 많다면 끊어서 녹화하는 방법으로 한다. 녹화를 한 순서대로 라이브러리에 들어가기 때문에 녹화가 완료되면 트랙에 순서대로 넣을 수 있다.

(10) 영상에 주석이나 텍스트, 자막을 넣고 싶다면 주석 및 자막 탭을 클릭하여 대화상
자를 선택하고 트랙에 옮겨준다.

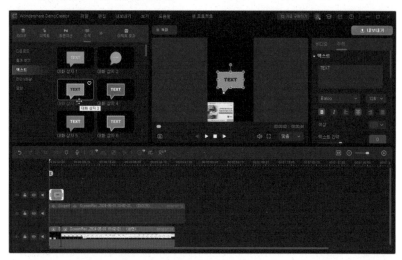

(11) 자막의 수정은 오른쪽 텍스트 창에 문자를 입력한다. 마우스로 크기나 위치를 조
절할 수 있다.

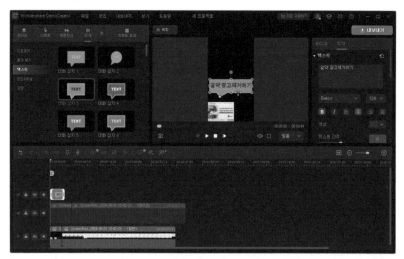

(12) 타이틀은 영상 상단에 항상 위치하는 바로 움직이는 모양의 타이틀을 선택할 수 있다. 타이틀은 주석 위에 트랙으로 들어간다. 타이틀 역시 제목을 직접 수정할 수 있고 마우스로 위치를 선정할 수 있다. 영상 편집이 완료되면 오른쪽 내보내기를 클릭한다.

(13) 저장할 위치나 해상도, 제목을 선택한 후 내보내기를 클릭한다.

(14) 무료로 사용할 수 있지만 무료 사용 시에는 워터마크가 하단에 표시된다.

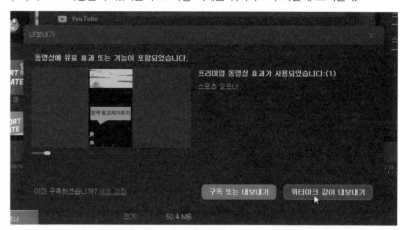

(15) 영상이 완료되면 폴더에 가서 확인한다. 워터마크가 하단에 거슬리는 경우에는 [지금 구매하기] 버튼을 클릭하여 구독료 등을 확인해서 워터마크를 없앨 수 있다.

07 브루(Vrew)

쇼츠 영상을 만들다 보면 아이디어가 떠오르지 않아 일의 진행이 안 되는 경우가 있다. 그럴 때 AI를 이용하면 손쉽게 쇼츠 영상을 만들 수 있다. AI가 만든 영상이 때론 편할 수도 있지만 독이 될 수도 있다. 그래서 책에서는 AI가 편리하게 만들어 주는 방법 말고 직접 영상을 만들 수 있는 방향을 소개하였다. AI 기능이 있는 프로그램들이 최근에는 많아졌기 때문에 가끔 막히고 아이디어가 떠오르지 않을 때 누구나 손쉽게 만들 수 있다. 또한 처음 쇼츠를 시작하고 싶은데 특별한 콘텐츠가 없다면 인공지능 AI 프로그램을 이용해 쇼츠에 살짝 맛을 보는 것도 좋은 방법이다.

브루(Vrew)는 자동으로 자막을 만들고 주제만 넣으면 목소리와 동영상 사진, 배경 등 모든 것을 한 번에 만들어 주는 AI 기능이 있어 처음 쇼츠를 시작하는 사람들에게 유용한 도구다. 최근 나온 인공지능 프로그램 등은 무료 사용도 가능하지만, 기능을 더 사용하고 싶으면 구독 형식이거나 유료 프로그램이므로 다양한 메뉴와 콘텐츠를 사용하려면 유료도 생각해보자.

브루(vrew.voyagerx.com/ko) 홈페이지에 들어가 무료 다운로드를 클릭하여 프로그램을 다운로드한다. 다운로드한 파일을 실행한다.

개인정보 처리 방침 대화창에 동의하고 [시작하기]를 클릭한다.

설치가 완료되면 편집하기 전 브루를 소개하는 영상이 나오는데 창에 [X] 버튼을 눌러 메인 화면으로 넘어갈 수 있다.

1 AI로 간단히 만드는 쇼츠

브루에는 chatGPT 3.5와 연동되어 주제어를 입력하면 내용을 만들어 주는 기능이 있다. 만들고 싶은 쇼츠의 주제를 정확히 입력하면 생각보다 괜찮은 대본을 만들어준다.

(01) 브루를 실행한 후 새로 만들기를 클릭 후 새로 만들기 창에서 텍스트로 비디오 만들기를 클릭한다.

(02) 영상의 사이즈를 선택할 수가 있다. 쇼츠 9:16을 선택 후 다음을 클릭한다.

(03) 비디오 스타일 선택 창이 나오면 여기서 미리 만들어진 템플릿을 선택할 수 있다. 하지만 자신이 만들고 싶은 쇼츠에 주제가 없다면 '스타일 없이 시작하기'를 선택한 후 다음을 클릭한다. 자신이 만들어 놓은 영상이 있다면 내 비디오 스타일을 선택해서 추가해주면 된다.

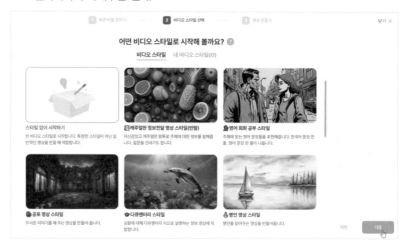

(04) 다음은 주제란에 자신이 만들고 싶은 주제를 문장이나 단어로 입력한 후 AI 글쓰기를 클릭한다. 주제는 간단하게 단어를 입력해도 좋지만 만들고 싶은 정확한 주제가 있으면 정확히 입력해 주는 것이 대본을 만들기에 더 도움이 될 수 있다. 여기서는 간단히 "태양계"라고 입력해 보았다.

(05) AI가 대본을 생성하는데 컴퓨터 사양이나 주제에 따라 약간의 시간이 걸린다.

(06) 대본이 생성되면 대본의 내용을 포털이나 검색사이트를 이용해서 수정할 부분을 확인한다.

(07) 생성된 대본에 구어체 부분을 경어체로 수정하고 시작 부분에 내용을 추가했다.

AI와 쇼츠 영상 만들기 · **207**

(08) 내용 수정이 완료되면 오른쪽 영상 요소 탭으로 가서 AI 목소리, 이미지 등 수정 보완을 할 수 있다. 먼저 목소리를 변경해 보자.

(09) 주제에 따라 어울리는 목소리를 선택한다. 목소리는 미리 들어볼 수 있기 때문에 선호하는 목소리나 주제에 맞는 목소리를 선택하면 된다.

(10) 성우 목소리를 선택한 후 수정하고 싶은 이미지나 음악의 장르를 선택한 후 완료
를 클릭한다.

(11) 대본에 어울리는 이미지를 생성하고 있다는 창이 나오며, 시스템에 따라 시간이
걸린다.

(12) 영상 생성이 완료되면 왼쪽에 영상 플레이 버튼을 통해 대본과 내레이션이 맞는지 확인할 수 있다. 여기서 보면 영상이 바뀔 때 텍스트가 어느 위치에 들어가는지 알 수 있는데 각각의 프레임에서 목소리 변경과 텍스트 변경, 영상 등을 변경할 수 있다. 이런 구성을 통해 유튜브에 올라오는 쇼츠들이 어떤 느낌으로 편집되는지 알 수 있다.

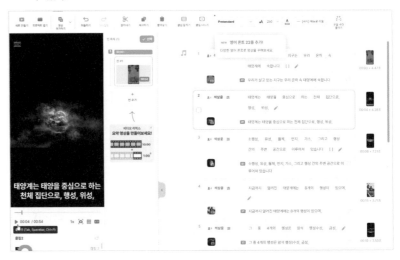

(13) 오른쪽 위에 내보내기를 클릭해서 영상 파일(mp4)를 선택한다. 해상도와 화질 등을 선택한 후 내보내기를 클릭한다.

(14) 원하는 곳에 파일명을 정하고 저장을 클릭한다.

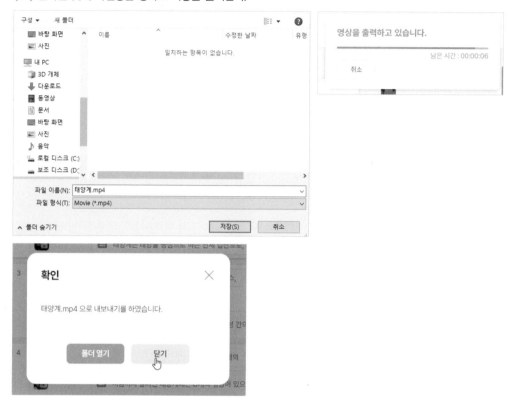

08 순위 영상 만들기

순위 영상은 매주나 매달 형식으로 해서 만들 수 있는 손쉬운 콘텐츠
이다. 업데이트 날짜만 확인해서 매주나 매달 만들어 주면 순위 콘텐츠
채널로 거듭날 수 있다. 이런 순위 영상들은 비교적 쉽게 검색을 통해서
도 찾을 수 있지만, 순위를 전문으로 하는 사이트에서 자세히 보고 만들
수 있는 영상을 고민하는 방법도 있다. 순위 형식과 비슷한 방식으로 월
별 여행지 추천지나 축제, 행사 형식의 쇼츠로 만들어 보자.

1 순위 사이트

유튜브 관련 순위를 만들고 싶다면 플레이보드(http://playboard.co)
가 있다. 유튜브 채널과 순위, 슈퍼챗, 라이브 시청자 순위, 급상승 순위
등을 일간, 주간으로 확인할 수 있다. 주간지 채널 형식을 만들어 매주
각종 순위를 올려주는 채널도 만들어 볼 수 있다. 특히 슈퍼챗 순위나 관
심도가 높은 돈에 관련된 영상은 간단한 쇼츠에서 호기심과 자극적인 영
상이 될 수 있다.

만약, 자동차 판매량을 알아보고 쇼츠를 만
든다면 네이버나 구글 등으로만 해서 순위 검
색을 해도 충분히 찾아볼 수 있다. 네이버 자
료는 https://carcharts-free.carisyou.net/
에서 참고해서 정리된 자료다. 매월 5일경에
자료가 업데이트되기 때문에 매월 5일에 자료
를 받아서 정리한 후 자동차 제조사 홈페이지
에서 자동차의 이미지 등이나 홈페이지 화면
등을 캡처하거나 영상을 만들어 순위를 넣고
판매량을 넣어 쇼츠를 만들 수 있다.

카차트(http://carcharts-free.carisyou.net)에 가면 국내, 국외 승용
차 등의 판매량을 볼 수 있다.

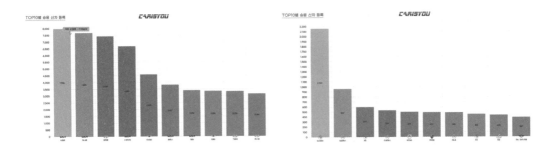

게임 판매량은 SteamDB에서 확인해 보자. 게임 관련 영상은 판매 순
위를 보고 직접 게임을 구매해 관심이 많은 영상을 올릴 수도 있고, 게임
화면을 영상 캡처로 하기에 비교적 빠르고 다양한 쇼츠를 생산할 수 있다.

▲ SteamDB(http://steamdb.info/topsellers)

판다랭크는 각종 제품의 판매량 순위를 볼 수 있다. 잘 팔리는 제품 리뷰를 할 때 빠르게 검색 후 관련된 제품을 남들보다 빠르게 써보고 리뷰해서 쇼츠를 만들 수 있다. 기본적으로 많이 사용하는 품목에 대해서는 소비자들이 사용기나 후기 등을 자주 보기 때문에 이런 콘텐츠를 쇼츠로 만들면 빠르게 구독자를 모을 수도 있다. 판다랭크는 멤버십으로 유료 가입해야 다양하게 사용할 수 있지만 순위 같은 경우에는 무료로 볼 수 있고 또한 하루에 3번 글쓰기를 AI로 지원한다.

▲ 판다랭크(http://pandarank.net)

② 순위 자료 모으기

각종 순위 사이트 등을 알아보았다면 여기서는 국내 자동차 판매 순위를 알아보자. 24년 2월 기준으로 판매량 순위를 검색한다. 네이버와 Copilot에서 검색한 결과 순위의 차이가 있었는데 네이버는 차종과 엔진에 따른 순위를 분리하여 보여주었고, Copilot에서는 차종의 전체 순위를 보여주었다. 여기서 우린 Copilot에서 알려주는 브랜드별 판매량 순위와 네이버에 있는 순위를 합쳐서 영상을 제작해 보자.

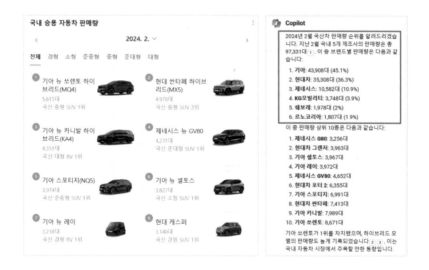

먼저, 검색한 자료를 메모장에 복사해 프롬프트를 만들자. 텍스트는 미리 저장해 놓고 이미지는 각 제조사 홈페이지에 들어가서 이미지를 다운로드할 수 있다. 순위대로 받아서 이미지를 정리해 놓자. 이미지는 메인에서 보여주는 전체 이미지가 사용하기에 좋다. 또한 차량의 세부 이미지나 광고 이미지 등을 받아놓는다. 이미지나 영상 소스가 많을수록 영상을 만들기에 좋다. 이미지와 텍스트는 폴더를 만들어 함께 저장해 놓는다.

③ 브루로 쇼츠 순위 영상 만들기

자료와 이미지를 정리해 놓았다면 이제 영상 편집을 무엇으로 할지 선택해야 한다. 여기서는 앞서 사용한 브루를 사용해 간단하게 만들어 보자.

(01) 브루를 실행한 후 새로 만들기를 클릭하고 [템플릿으로 쇼츠 만들기]를 클릭한다.

(02) 템플릿이 있을 경우 PC에서 불러오기를 선택하고 없다면 원하는 템플릿을 찾아서 선택한 후 [다음] 버튼을 클릭한다.

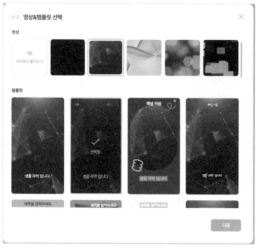

(03) 영상 편집이 왼쪽에 '자막 서식'에서 화면 하단에 들어갈 자막의 서식을 고를 수 있고 [에셋 추가하기]에서 영상에 사용할 이미지를 선택하여 열기 버튼을 눌러 추가해 준 후에 [본 편집 시작하기] 버튼을 누른다.

(04) 편집 화면이 나오면 왼쪽 검은 창은 쇼츠 화면 사이즈 영상을 나타내는 곳이고 중앙은 자막과 이미지 및 영상, 내레이션을 넣을 수 있는 편집 공간이다. 오른쪽의 나의 애셋은 앞에서 불러온 이미지인데 영상이나 gif 등을 추가하거나 삭제할 수 있다. 먼저 왼쪽 검은 창에 제목을 넣어주고 중앙에 T로고 모양에서 오른쪽 마우스를 클릭하여 적용 범위 변경 〉을 누른 후 전체 클립으로 설정한다.

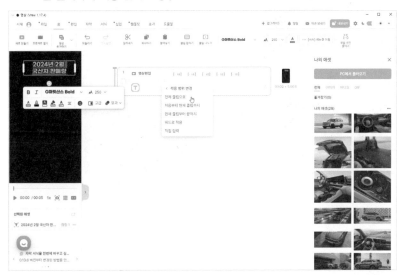

(05) 이제 본격적으로 편집에 들어가 보자. 먼저 저장해 놓은 텍스트를 열어 내레이션 창에 복사하거나 입력한다.

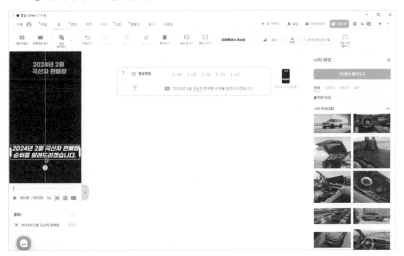

(06) 오른쪽 나의 애셋 창에서 원하는 이미지를 더블클릭하면 왼쪽의 영상 창에 이미지가 들어간 것을 볼 수 있다. 여기서 직접 크기를 설정하거나 비율 유지, 잘라서 채우기, 늘려서 채우기를 선택하여 이미지를 원하는 곳에 위치한다.

(07) 하단 메뉴의 애니메이션은 등장/퇴장, 강조, 확대 등 3가지 템플릿을 사용할 수 있으며 자신이 원하는 효과를 넣어 줄 수 있다. 영상이 아닌 이미지만으로 작업할 때 사용하면 단조로움을 해결할 수 있다.

(08) 자막과 함께 영상이 어떻게 재생되는지 하단의 [플레이] 버튼을 눌러 확인해본다. 여기서 음성은 맨 마지막 영상 편집이 마무리 된 후에 넣어주는 것이 좋다.

(09) 이제 두 번째 클립을 만들 차례이다. 만약 앞에서 자막이 길거나 영상이 짧다고 생각하면 자막을 잘라서 두 번째 클립에 넣고 이미지를 추가하고 효과를 주는 방법도 생각해보자.

메뉴에서 삽입을 클릭하고 빈 클립을 눌러 추가한다. 만약 제목 클립이 적용이 되어 있지 않다면 제목에 적용 범위 변경을 눌러 전체 클립으로 변경한다.

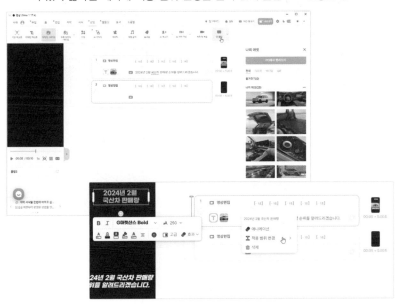

(10) 두 번째 클립에서 만약 이미지가 없다면 브루에 있는 AI 이미지를 사용해보자. 삽입〉AI 이미지를 클릭한다. AI 이미지 창이 나오면 프롬프트에 찾을 이미지 주제를 써 주면 유사한 이미지나 영상을 만든다. 여기선 이미지보단 오른쪽에 영상을 선택해 넣어보겠다. 영상의 경우 다운로드가 되며 자동으로 영상 편집 창에 들어간다. 이때 영상 크기 등을 조절한다.

(11) 다운로드 된 영상을 잘라서 채우기로 해서 전체 화면에 넣고 레이어 아이콘을 클릭하여 [뒤로 보내기] 하면 제목이 앞으로 나온다.

* 브루에서는 숫자 단위를 제대로 못 읽는 경우가 있는데 백 단위가 넘어가면 음성 AI가 인식을 못 해 9만 7천 331대를 구, 칠, 삼백삼십일대 방식으로 읽는 경우가 있다. 이때에는 자막을 9만 7천 331대 형식으로 수정하면 된다.

(12) 세 번째 클립을 넣은 후 자막을 넣는다. 이때 앞의 영상을 이어서 사용하고 싶다면 적용 범위 변경에서 직접 입력을 누른 후 2–3을 입력하면 2, 3 클립에서 같은 영상이 반복된다.

(13) 위와 같은 방식으로 클립을 넣어 클립을 완성한 후 마지막으로 AI 목소리를 넣어 준다. 삽입〉AI 목소리를 누르고 새 클립으로 삽입하기를 클릭한다. 이때 1클립의 맨 앞에 [-1초] 앞에 커서를 클릭해 위치한 후 목소리 설정에 들어가 원하는 목소 리를 선택하고 [확인] 버튼을 클릭한다.

(14) 나머지 클립은 [−1초] 앞에 커서를 두고 AI 목소리 메뉴를 클릭하면 텍스트 대화 창이 나오는데 이때 목소리 설정 옆에 Enter 아이콘을 누르면 앞에 만든 AI 목소리로 설정된다. 나머지 클립도 커서를 [1−초] 앞에 위치하고 AI 목소리 〉 기존 클립 위에 삽입을 클릭하면 자동으로 AI 목소리가 생성된다.

(15) 최종 영상을 실행한 후 이상이 없으면 먼저 프로젝트 저장하기를 눌러 작업한 내용을 자신이 지정한 폴더에 저장한다. 다음 영상으로 내보내기를 선택하여 유튜브에 올릴 쇼츠 영상을 생성한다. 프로젝트 저장을 해놓으면 영상이 이상하거나 문제가 있을 시 다시 불러와 수정하면 된다. 영상 저장은 시스템에 따라서 시간이 걸린다.

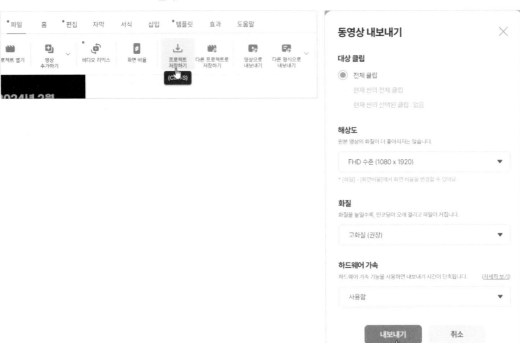

브루는 중간중간 서체나 자막, 영상, 이미지, 효과 등을 언제든 수정할 수 있기 때문에 영상만 가지고 편집할 경우 영상을 보면서 원하는 위치에 클립을 추가하여 자막을 넣을 수 있다. 단 무료 버전에서는 브루의 워터마크가 약 10초간 화면에 나온다. 워터마크의 위치는 검은색 영상 편집 구간에서 선택하여 사용자가 이미지 위치에 따라 사각형 끝으로 위치를 조절할 수 있다.

09 캡컷(CapCut)

　캡컷(https://www.capcut.com)은 누구나 쉽게 무료로 사용할 수 있는 영상 편집 툴이다. 보기 편한 인터페이스와 영상 프로그램에서 볼 수 있는 유사한 편집 방식으로 틱톡에 영상을 올리는 사용자들이 많이 사용했으나 현재는 유튜브 쇼츠를 만들기에도 매우 편리하게 잘 되어 있고, 무엇보다 워터마크(10초 가량)를 제외한 대부분 메뉴를 사용할 수 있다. PC, Mac, 스마트폰용으로 모두 사용할 수가 있지만 세부적인 편집을 위해서는 PC, Mac용이 사용하기 좋다.

1 캡컷 설치하기

(01) https://buly.kr/9XJ3vM3 다운로드 파일은 영문이나 한글 어디서 받아도 설치파일은 동일하다. 영문에서 한글 메뉴로 세팅은 설치 후 직접 설정해야 한다.

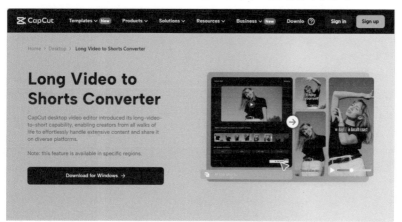

(02) 다운로드한 파일을 실행하면 설치 과정이 진행된 후 완료되면 [Confirm]을 클릭한다.

(03) Sign in을 눌러 구글 또는 페이스북, QR 코드 등으로 로그인을 한다. 캣컵은 로그인을 하지 않아도 무료로 사용할 수 있지만 다양한 메뉴를 사용하려면 로그인을 해야 한다.

(04) 영문 페이지나 한글 페이지에서 다운로드해도 세팅에 들어가 한글 메뉴로 변경해야 한다. Settings 〉 Language 〉 한국어로 체크한 후에 Save를 누르면 To change language, you need to restart CapCut.(언어를 바꾸려면 프로그램 재시동이 필요하다) 문구의 창이 나오는데 Restart를 누른다. 재실행되면서 한글로 메뉴가 바뀐다.

(05) 한글로 메뉴가 바뀌면 [+프로젝트 만들기]를 클릭한다.

플레이어 / 작업한 영상을 재생 또는 중지하거나 비율 조절, 텍스트 크기 등을 조절할 수 있다.

세부정보 / 영상에 들어가는 이미지나 영상, 텍스트 크기 등의 세부정보를 조절하는 패널.

가져오기 / 자신의 디스크에서 작업할 영상이나 이미지를 가져와 트랙에 사용한다.

트랙 창 / 가져오기에 있는 영상이나 이미지를 트랙에 순서대로 배치하거나 길이 조절 등을 하거나 효과, 사운드 등을 추가할 수 있다.

2 영상 만들기

(01) 사진이나 이미지, 영상으로 제목과 효과, 음원을 넣어 간단한 영상을 만들어 보자. 쇼츠 영상은 언제나 1분 미만으로 만들어야 유튜브에 업로드할 때 쇼츠 영상으로 올라간다.

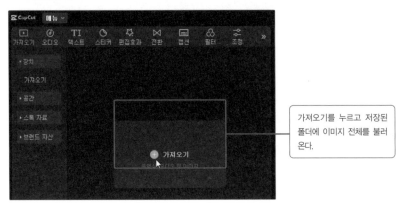

가져오기를 누르고 저장된 폴더에 이미지 전체를 불러온다.

(02) pexels.com에서 무료 이미지를 다운로드할 수 있다. '베네치아'의 사진을 검색한

후 사용할 사진을 다운로드해서 쇼츠 영상을 만들어보자.

(03) 가져오기 창에 사용할 이미지가 로드되면 마우스를 트랙창으로 옮겨 사용할 수

있다.

(04) 맨 앞에 올 이미지를 +를 눌러 추가한 후 플레이어 창에서 비율을 쇼츠 사이즈 9:16으로 설정한다.

(05) 플레이어 창에서 이미지를 클릭하면 오른쪽에 이미지를 수정할 수 있는 설정창이 나온다. 여기서는 사용할 이미지를 쇼츠 전체 화면 사이즈로 지정하기 위해 확대를 하였다. 확대바를 마우스로 움직이면 크기 조절이 가능하다. 또는 직접 플레이어 창에서 마우스로 드래그해서 확대할 수도 있다.

(06) 다른 이미지도 원하는 순서대로 추가하여 같은 방식으로 이미지 사이즈를 조절해 준다.

(07) 이미지가 바뀌는 곳으로 타임라인을 마우스로 움직여 가져다 놓은 후 메뉴에서 전환 메뉴를 선택한 후 '빼기' 효과를 추가한다. pro라고 마크가 찍힌 효과는 유료 다. 영상을 저장할 경우 pro가 있는 효과가 들어가 있으면 저장이 되지 않는다.

(08) 다른 이미지도 타임라인을 옮겨 모두 같은 전환 효과를 넣어준다. 이미지 전환되는 사이에 효과가 들어간 것을 확인할 수 있다.

플레이어 창에서 이미지가 어떻게 바뀌는지 확인해보자.

타임라인은 마우스로 움직여 이미지 바뀌는 곳으로 옮겨가면 멈추는 느낌을 알 수 있다.

(09) 다음은 오디오 메뉴로 옮겨 잔잔한 음악을 선택한 후 +를 눌러 추가한다. 사진 아래쪽으로 트랙이 추가된 것을 볼 수 있다.

오디오 트랙

(10) 오디오 트랙은 1분이 넘는 경우가 많기 때문에 영상 길이에 맞게 줄여주면 된다.

끝나는 오디오 트랙의 마지막 부분을 마우스로 잡아 끌어당기면 원하는 곳에 맞출 수 있다. 마지막 이미지가 위치한 곳으로 맞춰준다.

(11) 트랙의 길이는 트랙 창에서 Ctrl+마우스휠을 돌려 줄이거나 길게 볼 수 있다.

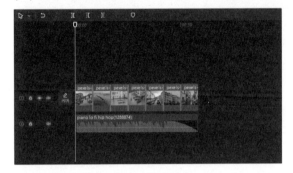

(12) 텍스트 메뉴 〉 텍스트 템플릿으로 이동하여 워터마크나 마음에 든 템플릿을 하나 골라준다. 플레이어 창에서 위치를 조절할 수 있다.

트랙 창에서 영상에 나올 시간을 10초 정도로 맞추기 위해 트랙 뒤쪽을 마우스로 잡아 조절한다.

(13) 다음은 텍스트 메뉴에서 기본 텍스트를 +로 추가해준 후 플레이어 창에 제목을 넣어준다. 마우스로 크기와 위치를 조절해 준다.

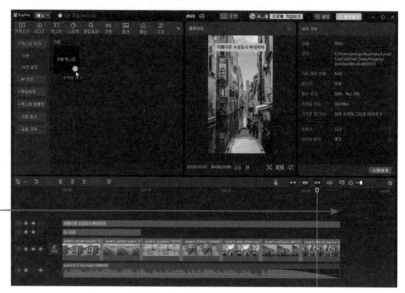

제목은 영상 처음부터 끝까지 나오기 때문에 트랙을 잡고 영상의 끝 위치에 맞춰준다.

(14) 마지막으로 메뉴에서 파일 〉 내보내기를 클릭하여 영상을 저장한다.

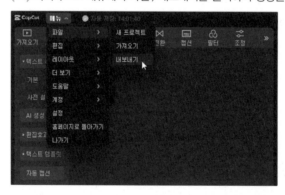

내보내기 창에서 사운드에 대한 저작권을 확인할 수 있다. 내보내기가 완료되면 폴더 열기를 클릭하여 저장된 영상 파일을 확인할 수 있으며, 여기서 바로 틱톡이나 유튜브에 업로드할 수 있다.

틱톡 계정은 로그인을 해놓으면 되고, 유튜브는 웹브라우저가 열리며 구글 계정에 로그인이 필요하다.

3 Subtitle Edit 자막 넣기

(01) 만약 영상에 자막을 넣고 싶다면 srt, ass, lrc 자막 파일을 가져올 수 있다. 간단히 자막을 만드는 방법은 다양하지만 여기선 Subtitle Edit를 사용해서 자막을 만들어 보자.

https://buly.kr/58Q8Tfj 링크를 웹브라우저에 입력하고 Download Subtitle Edit 4.0.5 Windows를 클릭하여 프로그램을 다운로드 후 설치한다.

(02) 프로그램을 설치 후 실행한 다음, 검은 바탕의 비디오 창을 클릭한다. 앞서 캡컷에 서 만든 영상을 불러온다. 영상을 불러오면 바로 실행이 되는데 플레이어 창에서 정지시킨 후 마우스로 재생라인을 맨 앞으로 이동한다. 하단에 작성 메뉴로 들어 가 [재생 위치에 새 자막 삽입]을 클릭하면 자막 라인이 생긴다. 영상파일을 불러 올 때 mp4 코덱에 대한 메시지가 나오는데 그대로 클릭하면 자동 다운로드된다.

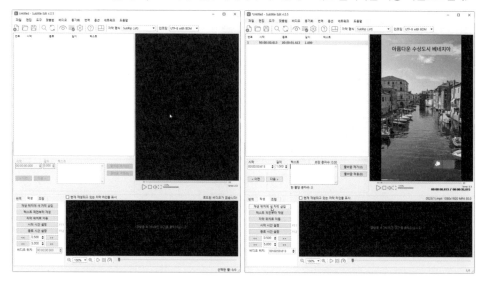

(03) 영상에 넣을 자막을 검색이나 Chatgpt,Copilot 등을 이용해 프롬프트를 메모장 등에 정리해 둔다.

*제목 없음 - Windows 메모장

파일(F) 편집(E) 서식(O) 보기(V) 도움말(H)

베네치아는 이탈리아 북부에 위치한 도시로 과거 베네치아 공화국의 수도였다.

흔히 베니스로도 알려져 있는데 이건 영어식 발음이다. 본토 이탈리어 발음으로 베네치아다.

도시 전체에 수로가 뚫려 배를 타고 다닌다해서 물의 도시로 유명하다.

따라서 현재에도 구도심 내 이동수단은 두 다리와 수상택시, 수상버스(바포레토) 뿐이다.

(04) 한 줄씩 읽어본 후 대략 초를 세어 보고 텍스트에 맨 윗 문단을 복사해 넣는다. 시작 위치와 길이(몇 초)를 입력해 준다.

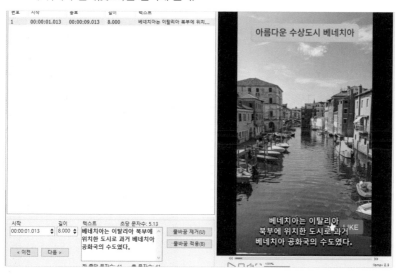

(05) 이미지가 바뀌는 시점에 영상을 정지한 후 [재생 위치에 새 자막 삽입]을 누르면
두 번째 라인이 생성되는데 여기에 두 번째 텍스트를 복사해 넣고 길이(몇 초)를
조절한다. 두 번째 라인은 대략 9초로 맞추었다. 영상이 바뀔 때쯤 정지를 시켜 시
간을 맞추거나 조절해 준다. 세 번째 줄과 네 번째 줄도 같은 방식으로 맞추어 영
상에 삽입해 준다.

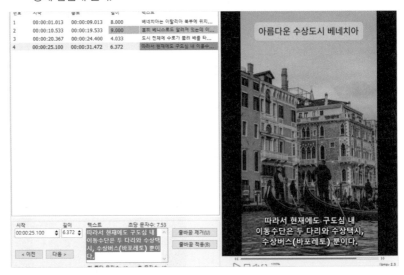

(06) 파일 〉 저장을 클릭하고 영상이 있는 폴더에 저장한다.

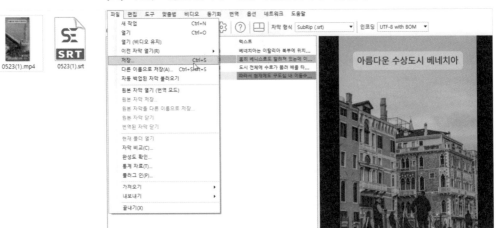

(07) 이제 캡컷으로 이동하여 메뉴에 텍스트 〉 로컬 자막으로 이동하여 +가져오기를
　　　클릭한 후 저장한 srt 파일을 불러온다.

(08) 트랙에 추가한 후 위치나 크기 글자 색 등을 수정할 수 있다. 자막의 길이도 트랙
　　　에서 마우스로 직접 조절할 수 있다.

　　본문에 소개한 필모라, 브루, 캡컷 등은 생성형 AI가 포함되어 있어 간
단한 입력과 설정만으로 영상을 만들 수 있다. 본문에서는 각 프로그램
의 장점을 골라 따라하기 과정을 소개하였다. 브루에서는 성우의 목소
리로 영상을 만들 수 있고, 캡컷은 다양한 효과 등을 넣을 수 있다. 각 툴
은 대부분 유사한 인터페이스로 초보자도 쉽게 사용할 수 있다. 각 툴의
장단점을 살려 쇼츠 영상을 만드는 데 도움이 되길 바란다.

유튜브 쇼츠 60초 재테크

2024. 9. 4. 초 판 1쇄 인쇄
2024. 9. 11. 초 판 1쇄 발행

지은이 | 김선웅
펴낸이 | 이종춘
펴낸곳 | **BM** ㈜도서출판 **성안당**

주소 | 04032 서울시 마포구 양화로 127 첨단빌딩 3층(출판기획 R&D 센터)
  | 10881 경기도 파주시 문발로 112 파주 출판 문화도시(제작 및 물류)

전화 | 02) 3142-0036
  | 031) 950-6300

팩스 | 031) 955-0510

등록 | 1973. 2. 1. 제406-2005-000046호

출판사 홈페이지 | **www.cyber.co.kr**

ISBN | 978-89-315-8721-0 (13000)

정가 | 23,000원

이 책을 만든 사람들
책임 | 최옥현
기획 | 아홉번째 서재
진행 | 김해영, 아홉번째 서재
교정·교열 | 김해영, 아홉번째 서재
본문·표지 디자인 | 아홉번째 서재
홍보 | 김계향, 임진성, 김주승, 최정민
국제부 | 이선민, 조혜란
마케팅 | 구본철, 차정욱, 오영일, 나진호, 강호묵
마케팅 지원 | 장상범
제작 | 김유석

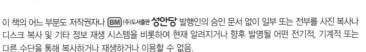

■ 도서 A/S 안내

성안당에서 발행하는 모든 도서는 저자와 출판사, 그리고 독자가 함께 만들어 나갑니다.
좋은 책을 펴내기 위해 많은 노력을 기울이고 있습니다. 혹시라도 내용상의 오류나 오탈자 등이 발견되면 **"좋은 책은 나라의 보배"**로서 우리 모두가 함께 만들어 간다는 마음으로 연락주시기 바랍니다. 수정 보완하여 더 나은 책이 되도록 최선을 다하겠습니다.
성안당은 늘 독자 여러분들의 소중한 의견을 기다리고 있습니다. 좋은 의견을 보내주시는 분께는 성안당 쇼핑몰의 포인트(3,000포인트)를 적립해 드립니다.

잘못 만들어진 책이나 부록 등이 파손된 경우에는 교환해 드립니다.

고퀄리티 카메라 액세서리
GC 글린트

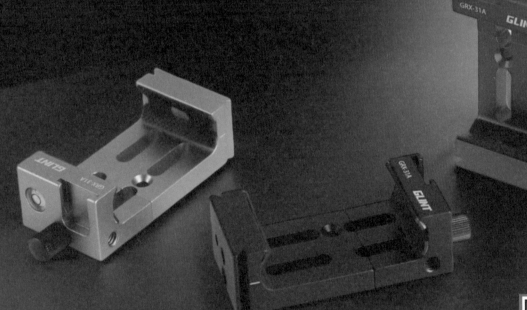